Inhaltsverzeichnis

Viel Spaß!

1

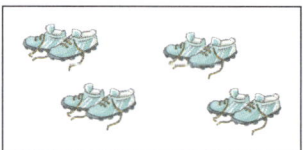

2 + 2 + 2 + 2 = 8

4 · 2 = 8

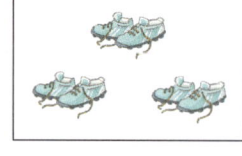

Sprich:
4 mal 2
ist gleich 8.

2 + 2 + 2 =

3 · 2 =

2 + 2 + 2 + 2 + 2 + 2 =

6 · 2 =

2

3 + 3 + 3 + 3 =

· =

3 + 3 =

· =

3 + 3 + 3 + 3 + 3 =

· =

3

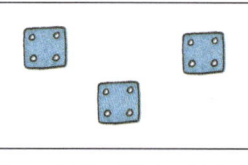

+ + =

· =

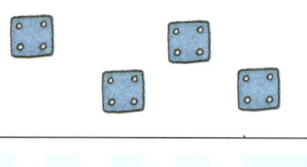

+ + + =

· =

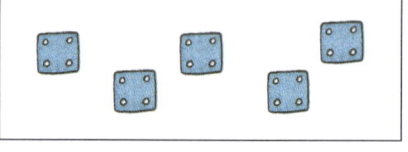

+ + + + =

· =

1

6 +   +   =

          ·   =

+   +   +   +   =

               ·   =

+   +   +   =

               ·   =

+   +   =

     ·   =

+   =

     ·   =

+   +   +   +   =

               ·   =

2 Male Punktbilder. Finde die passende Plusaufgabe und rechne.

5 +   +   +   =

4 · 5 =

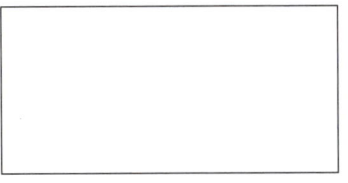

+   +   +   =

4 · 6 =

+   +   +   =

4 · 7 =

 3

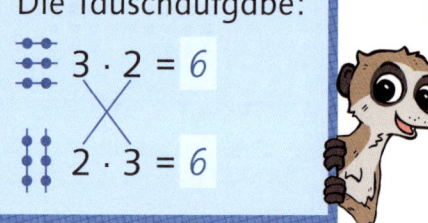

Die Tauschaufgabe:

$3 \cdot 2 = 6$

$2 \cdot 3 = 6$

1

 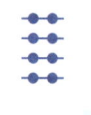  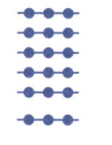 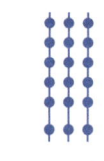

$4 \cdot 2 =$ ☐ $2 \cdot 4 =$ ☐ $6 \cdot 3 =$ ☐ $3 \cdot 6 =$ ☐

2 Schreibe immer Aufgabe und Tauschaufgabe. Rechne.

  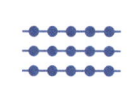  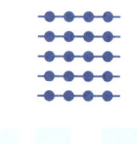 

$4 \cdot 3 =$ ☐   ☐ $\cdot$ ☐ $=$ ☐   ☐ $\cdot$ ☐ $=$ ☐   ☐ $\cdot$ ☐ $=$ ☐   ☐ $\cdot$ ☐ $=$ ☐   ☐ $\cdot$ ☐ $=$

3 Male jeweils beide Punktbilder und rechne.

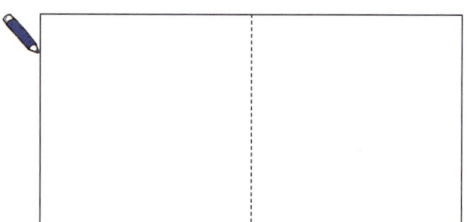

$2 \cdot 6 =$ ☐ $6 \cdot 2 =$ $1 \cdot 7 =$ ☐ $7 \cdot 1 =$ $2 \cdot 5 =$ ☐ $5 \cdot 2 =$

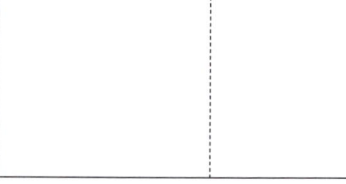

4 ☺ ☺ ☹

Schreibe immer Aufgabe und Tauschaufgabe. Rechne.

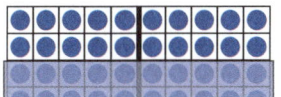 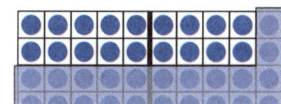 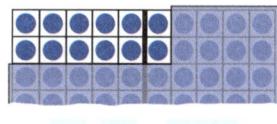 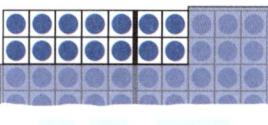

$2 \cdot 10 =$ ⬚

$10 \cdot 2 =$ ⬚

⬚ $\cdot$ ⬚ $=$ ⬚

⬚ $\cdot$ ⬚ $=$ ⬚

⬚ $\cdot$ ⬚ $=$ ⬚

⬚ $\cdot$ ⬚ $=$ ⬚

⬚ $\cdot$ ⬚ $=$ ⬚

⬚ $\cdot$ ⬚ $=$ ⬚

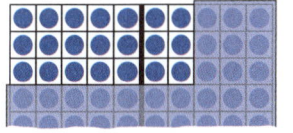 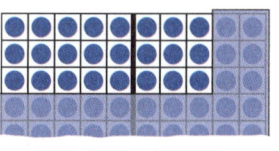 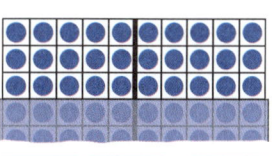 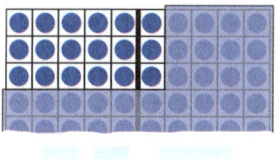

⬚ $\cdot$ ⬚ $=$ ⬚

⬚ $\cdot$ ⬚ $=$ ⬚

⬚ $\cdot$ ⬚ $=$ ⬚

⬚ $\cdot$ ⬚ $=$ ⬚

⬚ $\cdot$ ⬚ $=$ ⬚

⬚ $\cdot$ ⬚ $=$ ⬚

⬚ $\cdot$ ⬚ $=$ ⬚

⬚ $\cdot$ ⬚ $=$ ⬚

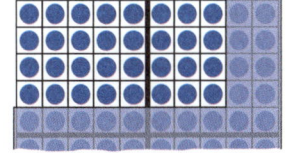 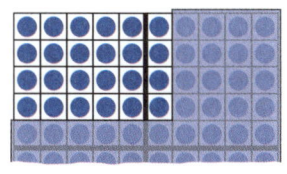 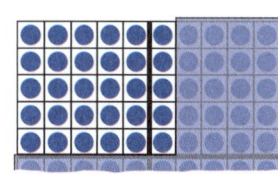 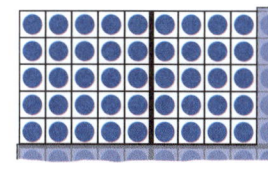

⬚ $\cdot$ ⬚ $=$ ⬚

⬚ $\cdot$ ⬚ $=$ ⬚

⬚ $\cdot$ ⬚ $=$ ⬚

⬚ $\cdot$ ⬚ $=$ ⬚

⬚ $\cdot$ ⬚ $=$ ⬚

⬚ $\cdot$ ⬚ $=$ ⬚

⬚ $\cdot$ ⬚ $=$ ⬚

⬚ $\cdot$ ⬚ $=$ ⬚

☺ ☺ ☹ 5

1 Malaufgaben zerlegen.

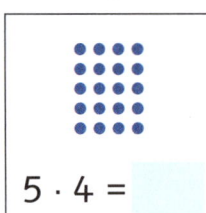

5 · 4 =

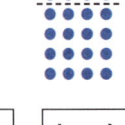

$\boxed{1 \cdot 4} + \boxed{4 \cdot 4} =$

4 + 16 =

$\boxed{2 \cdot 4} + \boxed{3 \cdot 4} =$

+ =

$\boxed{5 \cdot 1} + \boxed{5 \cdot 3} =$

+ =

2 Schreibe die passende Zerlegungsaufgabe und rechne.

4 · 3 =

$\boxed{2 \cdot 3} + \boxed{2 \cdot 3} =$

+ =

3 · 7 =

$\boxed{\quad \cdot \quad} + \boxed{\quad \cdot \quad} =$

+ =

3 · 9 =

$\boxed{\quad \cdot \quad} + \boxed{\quad \cdot \quad} =$

+ =

5 · 5 =

$\boxed{5 \cdot 2} + \boxed{5 \cdot 3} =$

+ =

2 · 8 =

$\boxed{\quad \cdot \quad} + \boxed{\quad \cdot \quad} =$

+ =

2 · 6 =

$\boxed{\quad \cdot \quad} + \boxed{\quad \cdot \quad} =$

+ =

1 Malaufgaben verdoppeln.

$2 \cdot 3 = \boxed{}$

$\boxed{2 \cdot 3} + \boxed{2 \cdot 3} =$

$4 \cdot 3 =$

$\boxed{2 \cdot 3} + \boxed{2 \cdot 3} =$

$2 \cdot 6 =$

Beim Verdoppeln wird das Ergebnis einer Malaufgabe doppelt so groß.

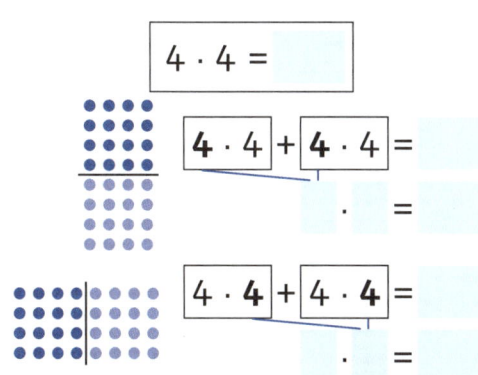

$1 \cdot 5 = \boxed{}$

$\boxed{1 \cdot 5} + \boxed{1 \cdot 5} =$

$2 \cdot 5 =$

$\boxed{1 \cdot 5} + \boxed{1 \cdot 5} =$

$1 \cdot 10 =$

$3 \cdot 4 = \boxed{}$

$\boxed{3 \cdot 4} + \boxed{3 \cdot 4} =$

$\cdot =$

$\boxed{3 \cdot 4} + \boxed{3 \cdot 4} =$

$\cdot =$

$4 \cdot 4 = \boxed{}$

$\boxed{4 \cdot 4} + \boxed{4 \cdot 4} =$

$\cdot =$

$\boxed{4 \cdot 4} + \boxed{4 \cdot 4} =$

$\cdot =$

☺ ☺ ☹ **7**

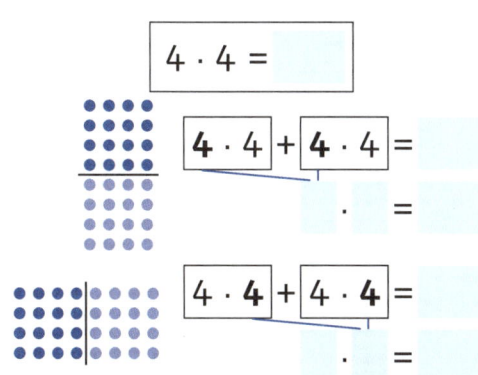

1 Quadrataufgaben!

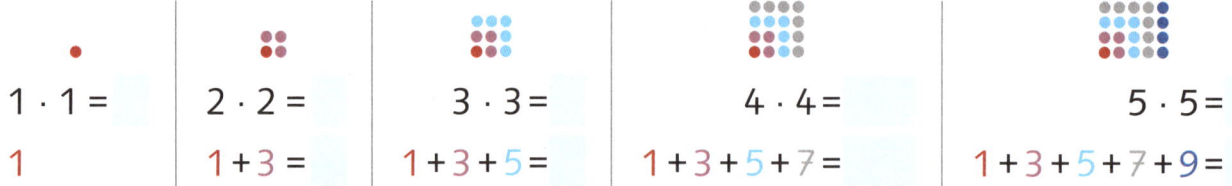

$1 \cdot 1 =$ $2 \cdot 2 =$ $3 \cdot 3 =$ $4 \cdot 4 =$ $5 \cdot 5 =$

1 $1 + 3 =$ $1 + 3 + 5 =$ $1 + 3 + 5 + 7 =$ $1 + 3 + 5 + 7 + 9 =$

$+2 \quad +2 \quad +2$

$6 \cdot 6 =$

$1 + 3 + 5 + 7 + 9 + \quad =$

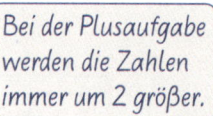

$\cdot \quad =$

$+ \quad + \quad + \quad + \quad + \quad + \quad =$

$\cdot \quad =$

$+ \quad + \quad + \quad + \quad + \quad + \quad + \quad =$

$\cdot \quad =$

$+ \quad + \quad + \quad + \quad + \quad + \quad + \quad + \quad =$

$\cdot \quad =$

$+ \quad + \quad + \quad + \quad + \quad + \quad + \quad + \quad + \quad =$

Bei der Plusaufgabe werden die Zahlen immer um 2 größer.

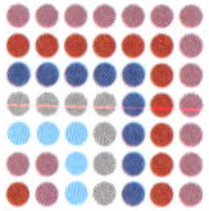

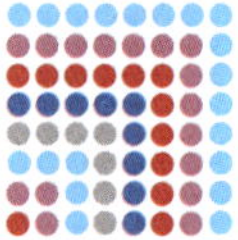

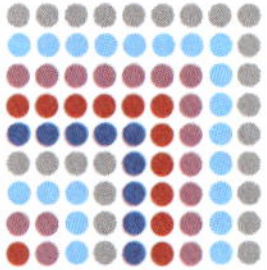

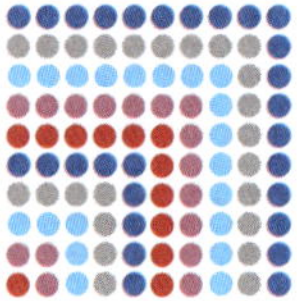

Nachbaraufgaben:

eine Reihe weniger
4 · 4 = 16

5 · 4 = 20

eine Reihe mehr
6 · 4 = 24

1 Schreibe die Nachbaraufgaben. Rechne.

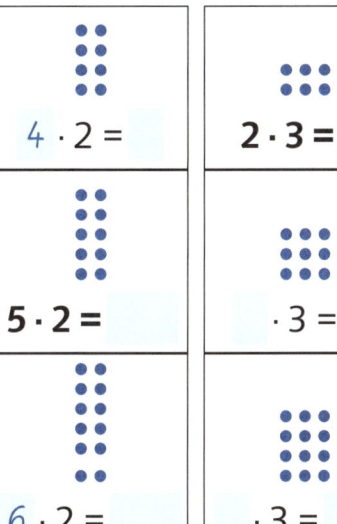

4 · 2 =

5 · 2 =

6 · 2 =

2 · 3 =

· 3 =

· 3 =

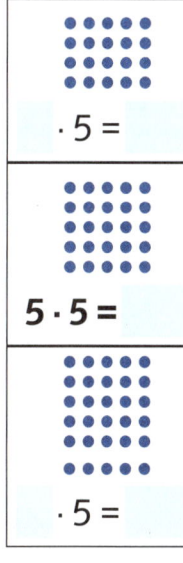

· 5 =

5 · 5 =

· 5 =

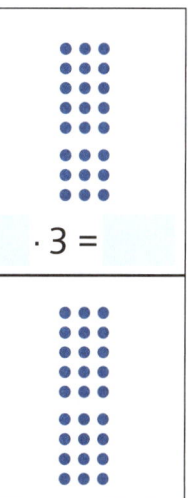

· 3 =

· 3 =

10 · 3 =

2 Schreibe die Nachbaraufgaben. Rechne.

· 3 =	2 · 4 =	· 2 =	2 · 6 =
5 · 3 =	· 4 =	· 2 =	· 6 =
· 3 =	· 4 =	10 · 2 =	· 6 =

☺ 😐 ☹ 9

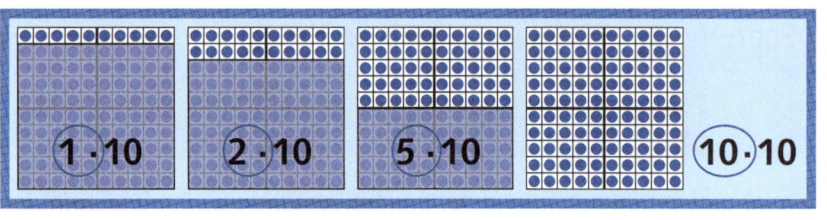

Aufgaben mit ①, ②, ⑤, ⑩ sind Kernaufgaben.

 1

0 · 1 =	
1 · 1 =	
2 · 1 =	
3 · 1 =	
4 · 1 =	
5 · 1 =	
6 · 1 =	
7 · 1 =	
8 · 1 =	
9 · 1 =	
10 · 1 =	

0 · 10 =	
1 · 10 =	
2 · 10 =	
3 · 10 =	
4 · 10 =	
5 · 10 =	
6 · 10 =	
7 · 10 =	
8 · 10 =	
9 · 10 =	
10 · 10 =	

5 · 10 =

2 · 10 =

6 · 10 =

0 · 10 =

8 · 10 =

1 · 10 =

10 · 10 =

4 · 10 =

9 · 10 =

3 · 10 =

7 · 10 =

2

0 =	· 1	0 =	· 10
3 =	· 1	30 =	· 10
1 =	· 1	10 =	· 10
7 =	· 1	70 =	· 10
9 =	· 1	90 =	· 10
2 =	· 1	20 =	· 10
4 =	· 1	40 =	· 10
6 =	· 1	60 =	· 10
8 =	· 1	80 =	· 10
10 =	· 1	100 =	· 10
5 =	· 1	50 =	· 10

  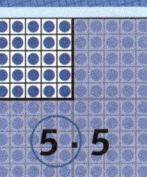 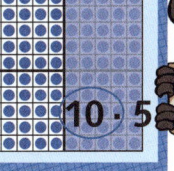

1 · 5   2 · 5   5 · 5   10 · 5

Lerne zuerst die Kernaufgaben auswendig!

1

1 · 5 =
2 · 5 =
10 · 5 =
5 · 5 =

2

0 · 5 =
1 · 5 =
2 · 5 =
3 · 5 =
4 · 5 =
5 · 5 =
6 · 5 =
7 · 5 =
8 · 5 =
9 · 5 =
10 · 5 =

3 Rechne immer zuerst die Kernaufgabe.

0 · 5 =	8 · 5 =	**2 · 5 =**	4 · 5 =
1 · 5 =	9 · 5 =	3 · 5 =	**5 · 5 =**
2 · 5 =	**10 · 5 =**	4 · 5 =	6 · 5 =

4

2 · 5 =	1 · 5 =
4 · 5 =	5 · 5 =
8 · 5 =	10 · 5 =
3 · 5 =	9 · 5 =
6 · 5 =	0 · 5 =
9 · 5 =	7 · 5 =

5

20 = ___ · 5	0 = ___ · 5
5 = ___ · 5	15 = ___ · 5
35 = ___ · 5	30 = ___ · 5
40 = ___ · 5	45 = ___ · 5
10 = ___ · 5	50 = ___ · 5
25 = ___ · 5	10 = ___ · 5

1

$3 \cdot 10 =$ | $5 \cdot 10 =$ | $7 \cdot 10 =$ | $9 \cdot 10 =$ | $4 \cdot 10 =$ | $6 \cdot 10 =$

$3 \cdot 5 =$ | $5 \cdot 5 =$ | $7 \cdot 5 =$ | $9 \cdot 5 =$ | $4 \cdot 5 =$ | $6 \cdot 5 =$

2

$20 = \quad \cdot 5$ | $40 = \quad \cdot 5$ | $10 = \quad \cdot 5$ | $30 = \quad \cdot 5$ | $0 = \quad \cdot 5$ | $50 = \quad \cdot 5$

$20 = \quad \cdot 10$ | $40 = \quad \cdot 10$ | $10 = \quad \cdot 10$ | $30 = \quad \cdot 10$ | $0 = \quad \cdot 10$ | $50 = \quad \cdot 10$

3

·	5	10
2		
10		
5		
8		
3		
1		
4		
7		
9		
6		

4 Schreibe alle Ergebniszahlen des Einmaleins mit 5 und mit 10 auf.

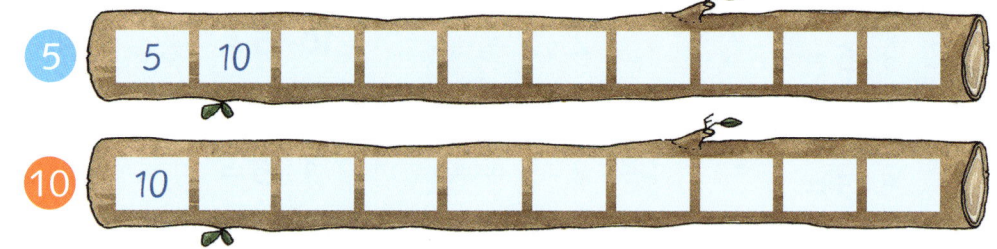

5 Welche Ergebnisse gehören sowohl zum Einmaleins mit 5 als auch mit 10? Kreise ein.

5   (10)   12   15   16   20   23   25   30   40   41   45   50

☺ ☹ ☹

1 Wie viele Paare sind es? Wie viele Schuhe sind es?

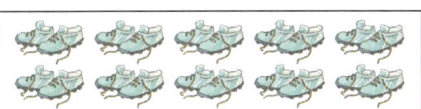

Paare	1	2	3	4	5	6	7	8	9	10
Schuhe	2									

2

$0 \cdot 2 =$ ☐
$1 \cdot 2 =$ ☐
$2 \cdot 2 =$ ☐
$3 \cdot 2 =$ ☐
$4 \cdot 2 =$ ☐
$5 \cdot 2 =$ ☐
$6 \cdot 2 =$ ☐
$7 \cdot 2 =$ ☐
$8 \cdot 2 =$ ☐
$9 \cdot 2 =$ ☐
$10 \cdot 2 =$ ☐

3

$1 \cdot 2 =$ ☐
$2 \cdot 2 =$ ☐
$10 \cdot 2 =$ ☐
$5 \cdot 2 =$ ☐

4 Rechne zuerst die Kernaufgabe.

$2 \cdot 2 =$	$8 \cdot 2 =$	$4 \cdot 2 =$
$3 \cdot 2 =$	$9 \cdot 2 =$	**$5 \cdot 2 =$**
$4 \cdot 2 =$	**$10 \cdot 2 =$**	$6 \cdot 2 =$

5 Nutze die Kernaufgaben.

$7 \cdot 2 =$ ☐
$9 \cdot 2 =$ ☐
$6 \cdot 2 =$ ☐
$8 \cdot 2 =$ ☐

$5 \cdot 2$ $+$ $2 \cdot 2$	$10 \cdot 2$ $-$ $1 \cdot 2$	$5 \cdot 2$ $+$ $1 \cdot 2$	$10 \cdot 2$ $-$ $2 \cdot 2$

6

| $10 =$ ☐ $\cdot 2$ | $4 =$ ☐ $\cdot 2$ | $8 =$ ☐ $\cdot 2$ | $6 =$ ☐ $\cdot 2$ | $2 =$ ☐ $\cdot 2$ |
| $20 =$ ☐ $\cdot 2$ | $14 =$ ☐ $\cdot 2$ | $18 =$ ☐ $\cdot 2$ | $16 =$ ☐ $\cdot 2$ | $12 =$ ☐ $\cdot 2$ |

1

3 · 10 =	5 · 10 =	7 · 10 =	4 · 10 =	0 · 10 =
10 · 3 =	· =	· =	· =	· =

2 · 10 =	6 · 10 =	9 · 10 =	8 · 10 =	1 · 10 =
· =	· =	· =	· =	· =

2

4 · 5 =	0 · 5 =	6 · 5 =	2 · 5 =	8 · 5 =
5 · 4 =	· =	· =	· =	· =

10 · 5 =	1 · 5 =	9 · 5 =	7 · 5 =	3 · 5 =
· =	· =	· =	· =	· =

3 Färbe Aufgabe und Tauschaufgabe in der gleichen Farbe und rechne.

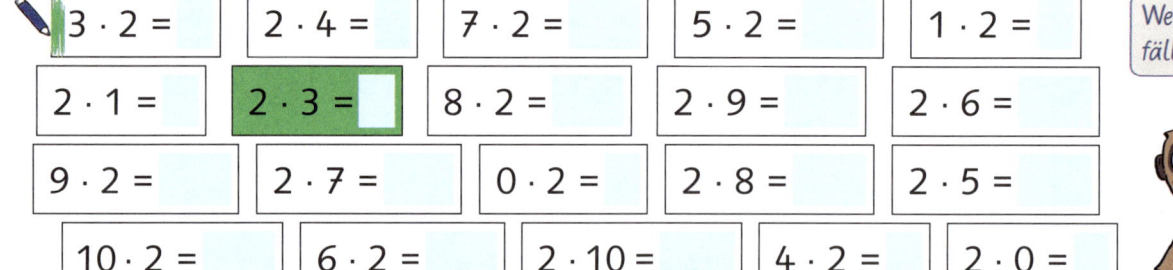

3 · 2 =	2 · 4 =	7 · 2 =	5 · 2 =	1 · 2 =
2 · 1 =	2 · 3 =	8 · 2 =	2 · 9 =	2 · 6 =
9 · 2 =	2 · 7 =	0 · 2 =	2 · 8 =	2 · 5 =
10 · 2 =	6 · 2 =	2 · 10 =	4 · 2 =	2 · 0 =

Welche Aufgabe fällt dir leichter?

14 ☺ 😐 ☹

·	0	1	2	3	4	5	6	7	8	9	10
0	0	0									
1	0	1									
2											
3											
4											
5											
6											
7											
8											
9											
10											

1 Färbe die Begriffe in der passenden Farbe.

Einmaleins mit 2

Einmaleins mit 10

Einmaleins mit 1

Einmaleins mit 5

Quadrataufgaben

2 Löse die Aufgaben in den farbigen Feldern.

Jetzt kennst du alle Kernaufgaben.

  15

1 Wie viele Autos sind es? Wie viele Reifen sind es?

Autos	1	2	3	4	5	6	7	8	9	10
Reifen	4									

2

$0 \cdot 4 =$

$1 \cdot 4 =$

$2 \cdot 4 =$

$3 \cdot 4 =$

$4 \cdot 4 =$

$5 \cdot 4 =$

$6 \cdot 4 =$

$7 \cdot 4 =$

$8 \cdot 4 =$

$9 \cdot 4 =$

$10 \cdot 4 =$

3

$1 \cdot 4 =$

$2 \cdot 4 =$

$10 \cdot 4 =$

$5 \cdot 4 =$

4 Rechne zuerst die Kernaufgabe.

$2 \cdot 4 =$	$8 \cdot 4 =$	$4 \cdot 4 =$
$3 \cdot 4 =$	$9 \cdot 4 =$	**$5 \cdot 4 =$**
$4 \cdot 4 =$	**$10 \cdot 4 =$**	$6 \cdot 4 =$

5 Nutze die Kernaufgaben.

$7 \cdot 4 =$

$5 \cdot 4$ + **$2 \cdot 4$**

$9 \cdot 4 =$

$10 \cdot 4$ − **$1 \cdot 4$**

$6 \cdot 4 =$

$5 \cdot 4$ + **$1 \cdot 4$**

$8 \cdot 4 =$

$10 \cdot 4$ − **$2 \cdot 4$**

6

| $20 =$ | $\cdot 4$ | $16 =$ | $\cdot 4$ | $8 =$ | $\cdot 4$ | $12 =$ | $\cdot 4$ | $4 =$ | $\cdot 4$ |
| $40 =$ | $\cdot 4$ | $36 =$ | $\cdot 4$ | $28 =$ | $\cdot 4$ | $32 =$ | $\cdot 4$ | $24 =$ | $\cdot 4$ |

7 Löse die Aufgaben zum Einmaleins mit 4 in der (1·1)-Tabelle. → S. 15

   ☹

1

$1 \cdot 2 =$	$1 \cdot 4 =$	$0 \cdot 2 =$	$0 \cdot 4 =$	$5 \cdot 2 =$	$10 \cdot 2 =$
$2 \cdot 2 =$	$2 \cdot 4 =$	$3 \cdot 2 =$	$3 \cdot 4 =$	$5 \cdot 4 =$	$10 \cdot 4 =$
$4 \cdot 2 =$	$4 \cdot 4 =$	$6 \cdot 2 =$	$6 \cdot 4 =$	$7 \cdot 2 =$	$6 \cdot 2 =$
$8 \cdot 2 =$	$8 \cdot 4 =$	$9 \cdot 2 =$	$9 \cdot 4 =$	$7 \cdot 4 =$	$6 \cdot 4 =$

2 Gute Paare!

$12 = \quad \cdot 2$	$4 = \quad \cdot 2$	$0 = \quad \cdot 2$
$12 = \quad \cdot 4$	$4 = \quad \cdot 4$	$0 = \quad \cdot 4$
$8 = \quad \cdot 2$	$16 = \quad \cdot 2$	$20 = \quad \cdot 2$
$8 = \quad \cdot 4$	$16 = \quad \cdot 4$	$20 = \quad \cdot 4$

3

$16 = 2 \cdot$	$32 = 4 \cdot$
$12 = 2 \cdot$	$24 = 4 \cdot$
$20 = 2 \cdot$	$40 = 4 \cdot$
$14 = 2 \cdot$	$28 = 4 \cdot$
$18 = 2 \cdot$	$36 = 4 \cdot$

4 Färbe Aufgabe und Tauschaufgabe in der gleichen Farbe und rechne.

$4 \cdot 2 =$	$2 \cdot 6 =$	$8 \cdot 2 =$	$2 \cdot 8 =$	$4 \cdot 7 =$

$6 \cdot 2 =$	$4 \cdot 9 =$	$7 \cdot 4 =$	$5 \cdot 4 =$

$4 \cdot 5 =$	$5 \cdot 2 =$	$2 \cdot 4 =$	$2 \cdot 5 =$	$9 \cdot 4 =$

Welche Aufgabe fällt dir leichter?

 17

1 Wie viele Spinnen sind es? Wie viele Beine sind es?

Spinnen	1	2	3	4	5	6	7	8	9	10
Beine	8									

2

$0 \cdot 8 =$

$\mathbf{1 \cdot 8 =}$

$\mathbf{2 \cdot 8 =}$

$3 \cdot 8 =$

$4 \cdot 8 =$

$\mathbf{5 \cdot 8 =}$

$6 \cdot 8 =$

$7 \cdot 8 =$

$8 \cdot 8 =$

$9 \cdot 8 =$

$\mathbf{10 \cdot 8 =}$

3

$1 \cdot 8 =$

$2 \cdot 8 =$

$10 \cdot 8 =$

$5 \cdot 8 =$

4 Rechne zuerst die Kernaufgabe.

$\mathbf{2 \cdot 8 =}$	$8 \cdot 8 =$	$4 \cdot 8 =$
$3 \cdot 8 =$	$9 \cdot 8 =$	$\mathbf{5 \cdot 8 =}$
$4 \cdot 8 =$	$\mathbf{10 \cdot 8 =}$	$6 \cdot 8 =$

5 Nutze die Kernaufgaben.

$7 \cdot 8 =$

$\boxed{\mathbf{5 \cdot 8}} + \boxed{\mathbf{2 \cdot 8}}$

$9 \cdot 8 =$

$\boxed{\mathbf{10 \cdot 8}} - \boxed{\mathbf{1 \cdot 8}}$

$6 \cdot 8 =$

$\boxed{\mathbf{5 \cdot 8}} + \boxed{\mathbf{1 \cdot 8}}$

$8 \cdot 8 =$

$\boxed{\mathbf{10 \cdot 8}} - \boxed{\mathbf{2 \cdot 8}}$

6

$40 = \quad \cdot 8$ | $16 = \quad \cdot 8$ | $8 = \quad \cdot 8$ | $80 = \quad \cdot 8$ | $64 = \quad \cdot 8$

$48 = \quad \cdot 8$ | $32 = \quad \cdot 8$ | $24 = \quad \cdot 8$ | $72 = \quad \cdot 8$ | $56 = \quad \cdot 8$

7 Löse die Aufgaben zum Einmaleins mit 8 in der ⬤1·1-Tabelle. → S. 15

☺ ☺ ☹

1

$3 \cdot 2 =$ ___ | $6 \cdot 2 =$ ___ | $7 \cdot 2 =$ ___

$3 \cdot 4 =$ ___ | $6 \cdot 4 =$ ___ | $7 \cdot 4 =$ ___

$3 \cdot 8 =$ ___ | $6 \cdot 8 =$ ___ | $7 \cdot 8 =$ ___

2

$10 =$ ___ $\cdot 2$ | $4 =$ ___ $\cdot 2$ | $16 =$ ___ $\cdot 2$

$24 =$ ___ $\cdot 4$ | $16 =$ ___ $\cdot 4$ | $8 =$ ___ $\cdot 4$

$64 =$ ___ $\cdot 8$ | $24 =$ ___ $\cdot 8$ | $72 =$ ___ $\cdot 8$

3

$\cdot$	2	4	8
8			
4			
2			
10			
1			
3			
0			
5			
9			
6			
7			

4 Schreibe alle Ergebniszahlen des Einmaleins mit 2, mit 4 und mit 8 auf.

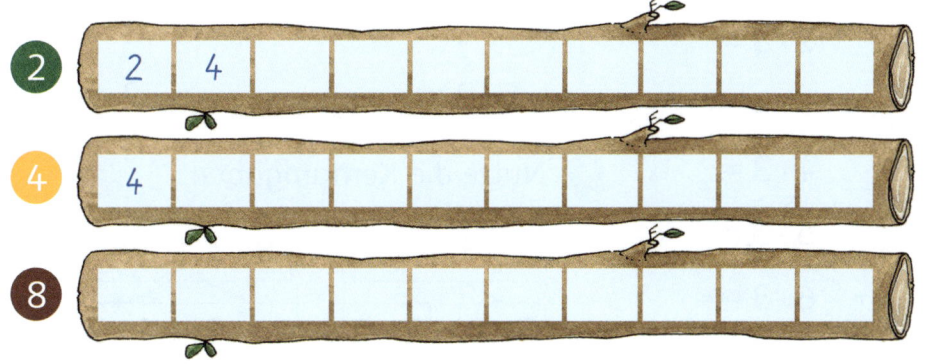

5 Welche Ergebnisse gehören sowohl zum Einmaleins mit 2 als auch mit 4 und mit 8? Kreise ein.

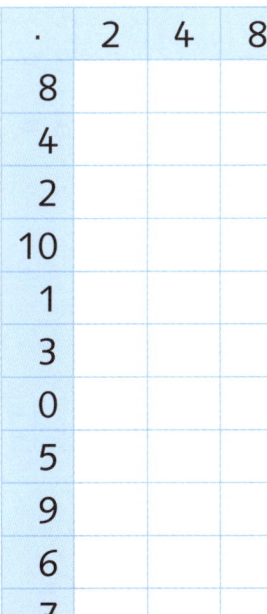

1   2   4   5   6   8   10   13   15   16   18   19   20

☺ ☺ ☹ 19

1 Wie viele Dreiecke sind es? Wie viele einzelne Stäbe sind es?

Dreiecke	1	2	3	4	5	6	7	8	9	10
Stäbe	3									

2

$0 \cdot 3 =$

$1 \cdot 3 =$

$2 \cdot 3 =$

$3 \cdot 3 =$

$4 \cdot 3 =$

$5 \cdot 3 =$

$6 \cdot 3 =$

$7 \cdot 3 =$

$8 \cdot 3 =$

$9 \cdot 3 =$

$10 \cdot 3 =$

3

$1 \cdot 3 =$

$2 \cdot 3 =$

$10 \cdot 3 =$

$5 \cdot 3 =$

4 Rechne zuerst die Kernaufgabe.

$2 \cdot 3 =$ $8 \cdot 3 =$ $4 \cdot 3 =$

$3 \cdot 3 =$ $9 \cdot 3 =$ $5 \cdot 3 =$

$4 \cdot 3 =$ $10 \cdot 3 =$ $6 \cdot 3 =$

5 Nutze die Kernaufgaben.

$7 \cdot 3 =$ $9 \cdot 3 =$ $6 \cdot 3 =$ $8 \cdot 3 =$

$\boxed{5 \cdot 3} + \boxed{2 \cdot 3}$ $\boxed{10 \cdot 3} - \boxed{1 \cdot 3}$ $\boxed{5 \cdot 3} + \boxed{1 \cdot 3}$ $\boxed{10 \cdot 3} - \boxed{2 \cdot 3}$

6

$15 = \cdot 3$ $9 = \cdot 3$ $6 = \cdot 3$ $0 = \cdot 3$ $18 = \cdot 3$

$21 = \cdot 3$ $30 = \cdot 3$ $12 = \cdot 3$ $24 = \cdot 3$ $27 = \cdot 3$

7 Löse die Aufgaben zum Einmaleins mit 3 in der ①·① -Tabelle. → S. 15

☺ 😐 ☹

1 Wie viele Ameisen sind es? Wie viele Beine sind es?

Ameisen	1	2	3	4	5	6	7	8	9	10
Beine	6									

2

0 · 6 =

1 · 6 =

2 · 6 =

3 · 6 =

4 · 6 =

5 · 6 =

6 · 6 =

7 · 6 =

8 · 6 =

9 · 6 =

10 · 6 =

3

1 · 6 =

2 · 6 =

10 · 6 =

5 · 6 =

4 Rechne zuerst die Kernaufgabe.

2 · 6 =   8 · 6 =   4 · 6 =

3 · 6 =   9 · 6 =   **5 · 6 =**

4 · 6 =   **10 · 6 =**   6 · 6 =

5 Nutze die Kernaufgaben.

7 · 6 =

5 · 6 + **2 · 6**

9 · 6 =

10 · 6 − **1 · 6**

6 · 6 =

5 · 6 + **1 · 6**

8 · 6 =

10 · 6 − **2 · 6**

6

12 = · 6   18 = · 6   6 = · 6   60 = · 6   48 = · 6

24 = · 6   36 = · 6   0 = · 6   54 = · 6   42 = · 6

7 Löse die Aufgaben zum Einmaleins mit 6 in der ⒈⒈-Tabelle. → S. 15

☺ ☐ ☹ 21

1

$1 \cdot 3 =$	$1 \cdot 6 =$	$0 \cdot 3 =$	$0 \cdot 6 =$	$5 \cdot 3 =$	$10 \cdot 3 =$
$2 \cdot 3 =$	$2 \cdot 6 =$	$3 \cdot 3 =$	$3 \cdot 6 =$	$5 \cdot 6 =$	$10 \cdot 6 =$
$4 \cdot 3 =$	$4 \cdot 6 =$	$6 \cdot 3 =$	$6 \cdot 6 =$	$7 \cdot 3 =$	$6 \cdot 3 =$
$8 \cdot 3 =$	$8 \cdot 6 =$	$9 \cdot 3 =$	$9 \cdot 6 =$	$7 \cdot 6 =$	$6 \cdot 6 =$

2 Gute Paare!

$12 = \quad \cdot 3$	$6 = \quad \cdot 3$	$0 = \quad \cdot 3$
$12 = \quad \cdot 6$	$6 = \quad \cdot 6$	$0 = \quad \cdot 6$
$24 = \quad \cdot 3$	$18 = \quad \cdot 3$	$30 = \quad \cdot 3$
$24 = \quad \cdot 6$	$18 = \quad \cdot 6$	$30 = \quad \cdot 6$

3

$9 = 3 \cdot$	$18 = 6 \cdot$
$24 = 3 \cdot$	$48 = 6 \cdot$
$18 = 3 \cdot$	$36 = 6 \cdot$
$30 = 3 \cdot$	$60 = 6 \cdot$
$27 = 3 \cdot$	$54 = 6 \cdot$

4 Färbe Aufgabe und Tauschaufgabe in der gleichen Farbe und rechne.

Denke an die Kernaufgaben!

$3 \cdot 7 =$	$3 \cdot 8 =$	$8 \cdot 6 =$	$6 \cdot 7 =$	$6 \cdot 8 =$
$7 \cdot 3 =$	$8 \cdot 3 =$	$9 \cdot 6 =$	$4 \cdot 3 =$	
$6 \cdot 9 =$	$3 \cdot 9 =$	$7 \cdot 6 =$	$9 \cdot 3 =$	$3 \cdot 4 =$

22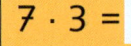

Nase vorn!

Mal und geteilt bis 100

Klasse 2

Name ....

Lösungen

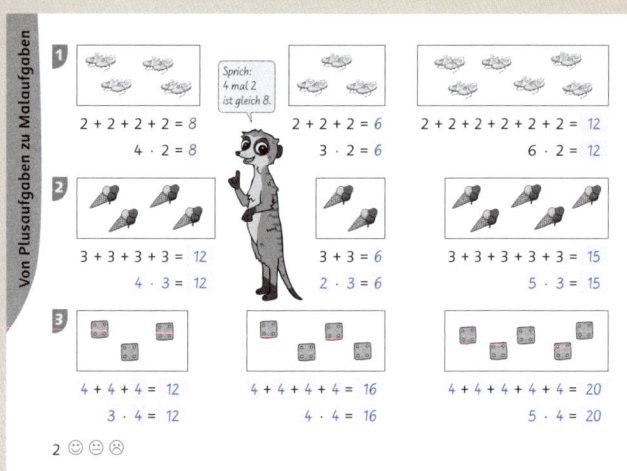

1

Sprich: 4 mal 2 ist gleich 8.

$2 + 2 + 2 + 2 = 8$
$4 \cdot 2 = 8$

$2 + 2 + 2 = 6$
$3 \cdot 2 = 6$

$2 + 2 + 2 + 2 + 2 + 2 = 12$
$6 \cdot 2 = 12$

2

$3 + 3 + 3 + 3 = 12$
$4 \cdot 3 = 12$

$3 + 3 = 6$
$2 \cdot 3 = 6$

$3 + 3 + 3 + 3 + 3 = 15$
$5 \cdot 3 = 15$

3

$4 + 4 + 4 = 12$
$3 \cdot 4 = 12$

$4 + 4 + 4 + 4 = 16$
$4 \cdot 4 = 16$

$4 + 4 + 4 + 4 + 4 = 20$
$5 \cdot 4 = 20$

2 ☺ ☺ ☹

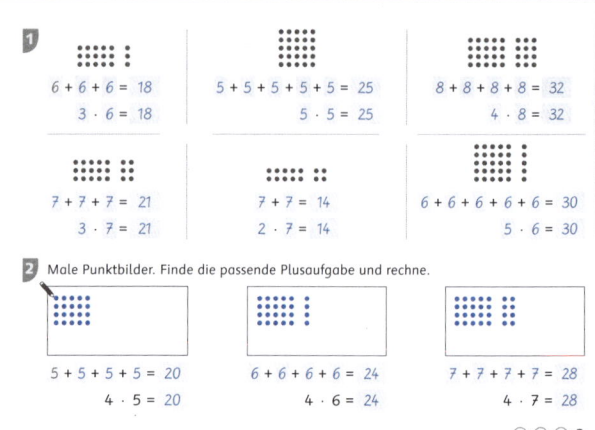

1

$6 + 6 + 6 = 18$
$3 \cdot 6 = 18$

$5 + 5 + 5 + 5 + 5 = 25$
$5 \cdot 5 = 25$

$8 + 8 + 8 + 8 = 32$
$4 \cdot 8 = 32$

$7 + 7 + 7 = 21$
$3 \cdot 7 = 21$

$7 + 7 = 14$
$2 \cdot 7 = 14$

$6 + 6 + 6 + 6 + 6 = 30$
$5 \cdot 6 = 30$

2 Male Punktbilder. Finde die passende Plusaufgabe und rechne.

$5 + 5 + 5 + 5 = 20$
$4 \cdot 5 = 20$

$6 + 6 + 6 + 6 = 24$
$4 \cdot 6 = 24$

$7 + 7 + 7 + 7 = 28$
$4 \cdot 7 = 28$

☺ ☺ ☹ 3

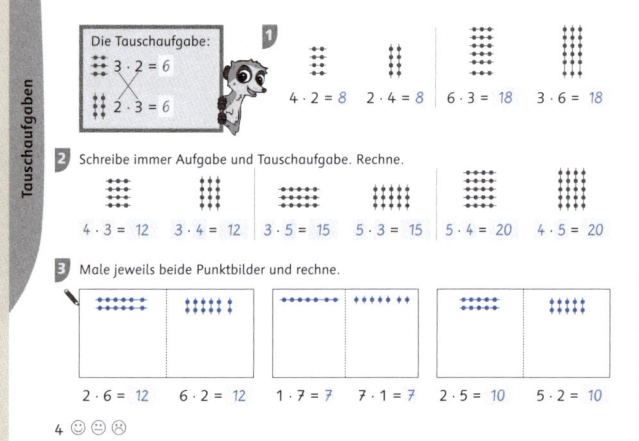

Die Tauschaufgabe:
$3 \cdot 2 = 6$
$2 \cdot 3 = 6$

1

$4 \cdot 2 = 8$
$2 \cdot 4 = 8$
$6 \cdot 3 = 18$
$3 \cdot 6 = 18$

2 Schreibe immer Aufgabe und Tauschaufgabe. Rechne.

$4 \cdot 3 = 12$
$3 \cdot 4 = 12$
$3 \cdot 5 = 15$
$5 \cdot 3 = 15$
$5 \cdot 4 = 20$
$4 \cdot 5 = 20$

3 Male jeweils beide Punktbilder und rechne.

$2 \cdot 6 = 12$
$6 \cdot 2 = 12$
$1 \cdot 7 = 7$
$7 \cdot 1 = 7$
$2 \cdot 5 = 10$
$5 \cdot 2 = 10$

4 ☺ ☺ ☹

1 Schreibe immer Aufgabe und Tauschaufgabe. Rechne.

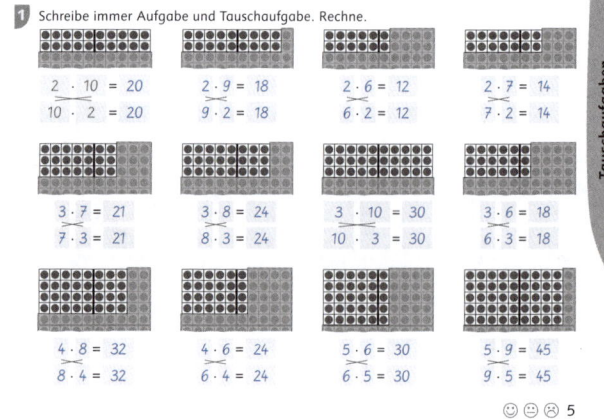

$2 \cdot 10 = 20$
$10 \cdot 2 = 20$

$2 \cdot 9 = 18$
$9 \cdot 2 = 18$

$2 \cdot 6 = 12$
$6 \cdot 2 = 12$

$2 \cdot 7 = 14$
$7 \cdot 2 = 14$

$3 \cdot 7 = 21$
$7 \cdot 3 = 21$

$3 \cdot 8 = 24$
$8 \cdot 3 = 24$

$3 \cdot 10 = 30$
$10 \cdot 3 = 30$

$3 \cdot 6 = 18$
$6 \cdot 3 = 18$

$4 \cdot 8 = 32$
$8 \cdot 4 = 32$

$4 \cdot 6 = 24$
$6 \cdot 4 = 24$

$5 \cdot 6 = 30$
$6 \cdot 5 = 30$

$5 \cdot 9 = 45$
$9 \cdot 5 = 45$

☺ ☺ ☹ 5

Malaufgaben zerlegen

1 Malaufgaben zerlegen.

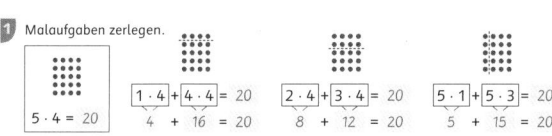

$5 \cdot 4 = 20$

$1 \cdot 4 + 4 \cdot 4 = 20$
$4 + 16 = 20$

$2 \cdot 4 + 3 \cdot 4 = 20$
$8 + 12 = 20$

$5 \cdot 1 + 5 \cdot 3 = 20$
$5 + 15 = 20$

2 Schreibe die passende Zerlegungsaufgabe und rechne.

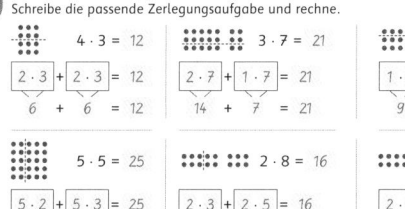

$4 \cdot 3 = 12$
$2 \cdot 3 + 2 \cdot 3 = 12$
$6 + 6 = 12$

$3 \cdot 7 = 21$
$2 \cdot 7 + 1 \cdot 7 = 21$
$14 + 7 = 21$

$3 \cdot 9 = 27$
$1 \cdot 9 + 2 \cdot 9 = 27$
$9 + 18 = 27$

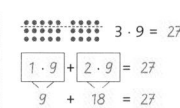

$5 \cdot 5 = 25$
$5 \cdot 2 + 5 \cdot 3 = 25$
$10 + 15 = 25$

$2 \cdot 8 = 16$
$2 \cdot 3 + 2 \cdot 5 = 16$
$6 + 10 = 16$

$2 \cdot 6 = 12$
$2 \cdot 4 + 2 \cdot 2 = 12$
$8 + 4 = 12$

Malaufgaben verdoppeln

1 Malaufgaben verdoppeln.

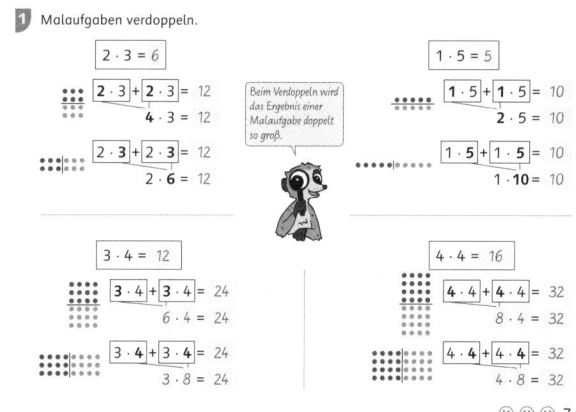

$2 \cdot 3 = 6$

$2 \cdot 3 + 2 \cdot 3 = 12$
$4 \cdot 3 = 12$

$2 \cdot 3 + 2 \cdot 3 = 12$
$2 \cdot 6 = 12$

Beim Verdoppeln wird das Ergebnis einer Malaufgabe doppelt so groß.

$1 \cdot 5 = 5$

$1 \cdot 5 + 1 \cdot 5 = 10$
$2 \cdot 5 = 10$

$1 \cdot 5 + 1 \cdot 5 = 10$
$1 \cdot 10 = 10$

$3 \cdot 4 = 12$

$3 \cdot 4 + 3 \cdot 4 = 24$
$6 \cdot 4 = 24$

$3 \cdot 4 + 3 \cdot 4 = 24$
$3 \cdot 8 = 24$

$4 \cdot 4 = 16$

$4 \cdot 4 + 4 \cdot 4 = 32$
$8 \cdot 4 = 32$

$4 \cdot 4 + 4 \cdot 4 = 32$
$4 \cdot 8 = 32$

Quadrataufgaben

1 Quadrataufgaben!

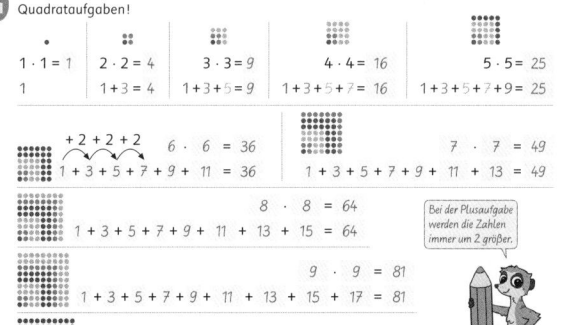

$1 \cdot 1 = 1$
1

$2 \cdot 2 = 4$
$1 + 3 = 4$

$3 \cdot 3 = 9$
$1 + 3 + 5 = 9$

$4 \cdot 4 = 16$
$1 + 3 + 5 + 7 = 16$

$5 \cdot 5 = 25$
$1 + 3 + 5 + 7 + 9 = 25$

$+2 + 2 + 2$

$6 \cdot 6 = 36$
$1 + 3 + 5 + 7 + 9 + 11 = 36$

$7 \cdot 7 = 49$
$1 + 3 + 5 + 7 + 9 + 11 + 13 = 49$

$8 \cdot 8 = 64$
$1 + 3 + 5 + 7 + 9 + 11 + 13 + 15 = 64$

Bei der Plusaufgabe werden die Zahlen immer um 2 größer.

$9 \cdot 9 = 81$
$1 + 3 + 5 + 7 + 9 + 11 + 13 + 15 + 17 = 81$

$10 \cdot 10 = 100$
$1 + 3 + 5 + 7 + 9 + 11 + 13 + 15 + 17 + 19 = 100$

Nachbaraufgaben ☺

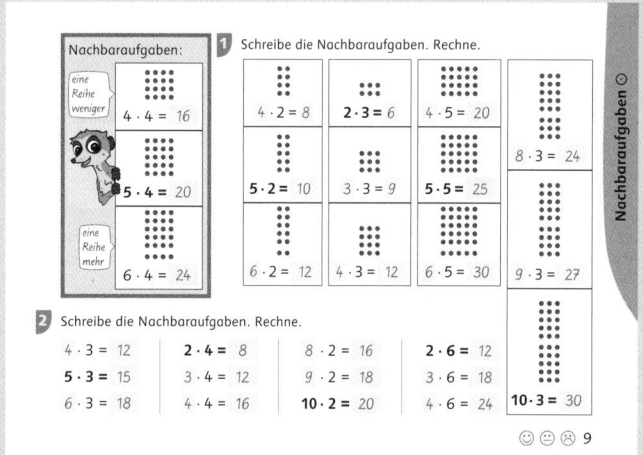

Nachbaraufgaben:

eine Reihe weniger

$4 \cdot 4 = 16$

$5 \cdot 4 = 20$

eine Reihe mehr

$6 \cdot 4 = 24$

1 Schreibe die Nachbaraufgaben. Rechne.

$4 \cdot 2 = 8$
$5 \cdot 2 = 10$
$6 \cdot 2 = 12$

$2 \cdot 3 = 6$
$3 \cdot 3 = 9$
$4 \cdot 3 = 12$

$4 \cdot 5 = 20$
$5 \cdot 5 = 25$
$6 \cdot 5 = 30$

$8 \cdot 3 = 24$
$9 \cdot 3 = 27$
$10 \cdot 3 = 30$

2 Schreibe die Nachbaraufgaben. Rechne.

$4 \cdot 3 = 12$
$5 \cdot 3 = 15$
$6 \cdot 3 = 18$

$2 \cdot 4 = 8$
$3 \cdot 4 = 12$
$4 \cdot 4 = 16$

$8 \cdot 2 = 16$
$9 \cdot 2 = 18$
$10 \cdot 2 = 20$

$2 \cdot 6 = 12$
$3 \cdot 6 = 18$
$4 \cdot 6 = 24$

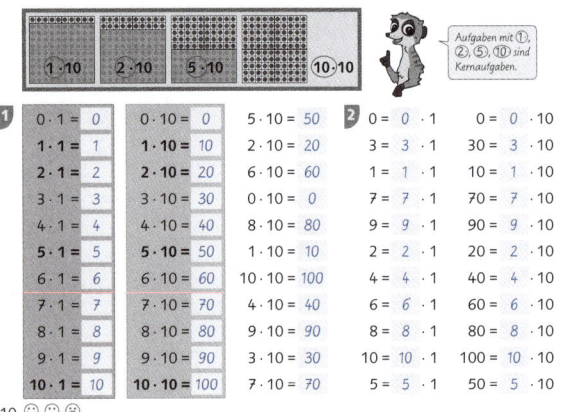

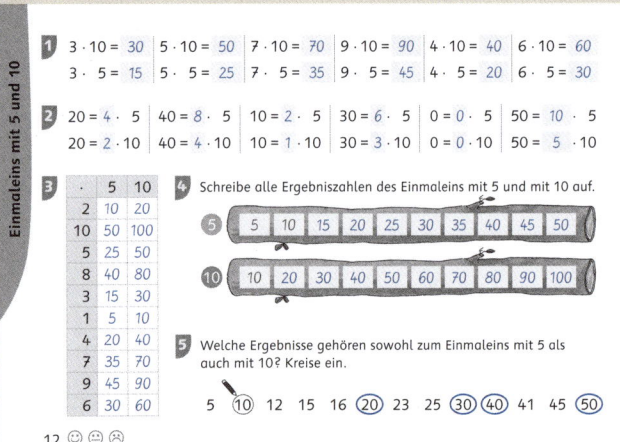

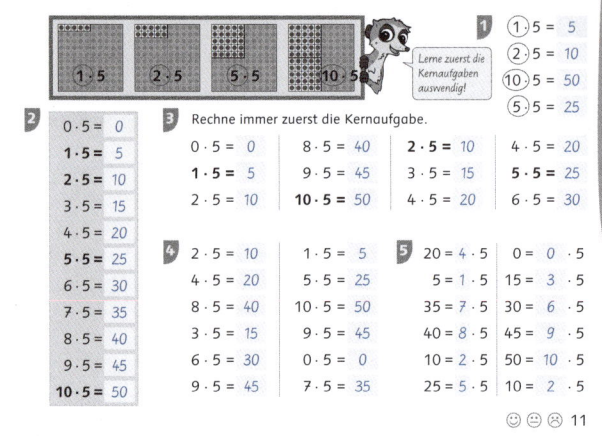

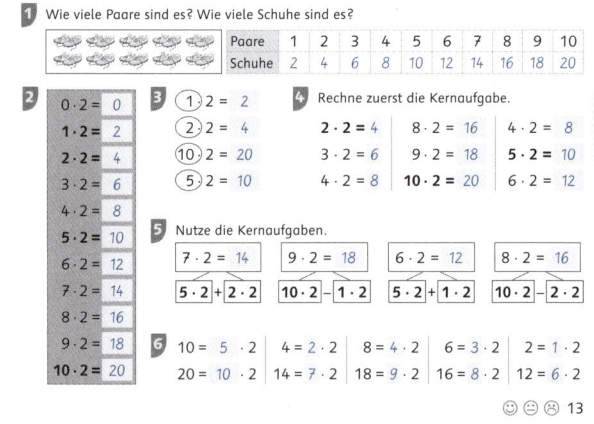

Aufgaben mit ①, ②, ⑤, ⑩ sind Kernaufgaben.

①

0 · 1 = 0	0 · 10 = 0	5 · 10 = 50
1 · 1 = 1	1 · 10 = 10	2 · 10 = 20
2 · 1 = 2	2 · 10 = 20	6 · 10 = 60
3 · 1 = 3	3 · 10 = 30	0 · 10 = 0
4 · 1 = 4	4 · 10 = 40	8 · 10 = 80
5 · 1 = 5	5 · 10 = 50	1 · 10 = 10
6 · 1 = 6	6 · 10 = 60	10 · 10 = 100
7 · 1 = 7	7 · 10 = 70	4 · 10 = 40
8 · 1 = 8	8 · 10 = 80	9 · 10 = 90
9 · 1 = 9	9 · 10 = 90	3 · 10 = 30
10 · 1 = 10	10 · 10 = 100	7 · 10 = 70

②

0 = 0 · 1	0 = 0 · 10
3 = 3 · 1	30 = 3 · 10
1 = 1 · 1	10 = 1 · 10
7 = 7 · 1	70 = 7 · 10
9 = 9 · 1	90 = 9 · 10
2 = 2 · 1	20 = 2 · 10
4 = 4 · 1	40 = 4 · 10
6 = 6 · 1	60 = 6 · 10
8 = 8 · 1	80 = 8 · 10
10 = 10 · 1	100 = 10 · 10
5 = 5 · 1	50 = 5 · 10

Leme zuerst die Kernaufgaben auswendig!

①

| ① · 5 = 5 |
| ② · 5 = 10 |
| ⑩ · 5 = 50 |
| ⑤ · 5 = 25 |

②

| 0 · 5 = 0 |
| 1 · 5 = 5 |
| 2 · 5 = 10 |
| 3 · 5 = 15 |
| 4 · 5 = 20 |
| 5 · 5 = 25 |
| 6 · 5 = 30 |
| 7 · 5 = 35 |
| 8 · 5 = 40 |
| 9 · 5 = 45 |
| 10 · 5 = 50 |

③ Rechne immer zuerst die Kernaufgabe.

0 · 5 = 0	8 · 5 = 40	2 · 5 = 10	4 · 5 = 20
1 · 5 = 5	9 · 5 = 45	3 · 5 = 15	5 · 5 = 25
2 · 5 = 10	10 · 5 = 50	4 · 5 = 20	6 · 5 = 30

④

2 · 5 = 10	1 · 5 = 5
4 · 5 = 20	5 · 5 = 25
8 · 5 = 40	10 · 5 = 50
3 · 5 = 15	9 · 5 = 45
6 · 5 = 30	0 · 5 = 0
9 · 5 = 45	7 · 5 = 35

⑤

20 = 4 · 5	0 = 0 · 5
5 = 1 · 5	15 = 3 · 5
35 = 7 · 5	30 = 6 · 5
40 = 8 · 5	45 = 9 · 5
10 = 2 · 5	50 = 10 · 5
25 = 5 · 5	10 = 2 · 5

①

| 3 · 10 = 30 | 5 · 10 = 50 | 7 · 10 = 70 | 9 · 10 = 90 | 4 · 10 = 40 | 6 · 10 = 60 |
| 3 · 5 = 15 | 5 · 5 = 25 | 7 · 5 = 35 | 9 · 5 = 45 | 4 · 5 = 20 | 6 · 5 = 30 |

②

| 20 = 4 · 5 | 40 = 8 · 5 | 10 = 2 · 5 | 30 = 6 · 5 | 0 = 0 · 5 | 50 = 10 · 5 |
| 20 = 2 · 10 | 40 = 4 · 10 | 10 = 1 · 10 | 30 = 3 · 10 | 0 = 0 · 10 | 50 = 5 · 10 |

③

·	5	10
2	10	20
10	50	100
5	25	50
8	40	80
3	15	30
1	5	10
4	20	40
7	35	70
9	45	90
6	30	60

④ Schreibe alle Ergebniszahlen des Einmaleins mit 5 und mit 10 auf.

⑤ 5 | 10 | 15 | 20 | 25 | 30 | 35 | 40 | 45 | 50

⑩ 10 | 20 | 30 | 40 | 50 | 60 | 70 | 80 | 90 | 100

⑤ Welche Ergebnisse gehören sowohl zum Einmaleins mit 5 als auch mit 10? Kreise ein.

5 ⑩ 12 15 16 ⑳ 23 25 ㉚ ㊵ 41 45 ㊿

① Wie viele Paare sind es? Wie viele Schuhe sind es?

Paare	1	2	3	4	5	6	7	8	9	10
Schuhe	2	4	6	8	10	12	14	16	18	20

②

| 0 · 2 = 0 |
| 1 · 2 = 2 |
| 2 · 2 = 4 |
| 3 · 2 = 6 |
| 4 · 2 = 8 |
| 5 · 2 = 10 |
| 6 · 2 = 12 |
| 7 · 2 = 14 |
| 8 · 2 = 16 |
| 9 · 2 = 18 |
| 10 · 2 = 20 |

③

| ① · 2 = 2 |
| ② · 2 = 4 |
| ⑩ · 2 = 20 |
| ⑤ · 2 = 10 |

④ Rechne zuerst die Kernaufgabe.

2 · 2 = 4	8 · 2 = 16	4 · 2 = 8
3 · 2 = 6	9 · 2 = 18	5 · 2 = 10
4 · 2 = 8	10 · 2 = 20	6 · 2 = 12

⑤ Nutze die Kernaufgaben.

| 7 · 2 = 14 | 9 · 2 = 18 | 6 · 2 = 12 | 8 · 2 = 16 |
| 5 · 2 + 2 · 2 | 10 · 2 – 1 · 2 | 5 · 2 + 1 · 2 | 10 · 2 – 2 · 2 |

⑥

| 10 = 5 · 2 | 4 = 2 · 2 | 8 = 4 · 2 | 6 = 3 · 2 | 2 = 1 · 2 |
| 20 = 10 · 2 | 14 = 7 · 2 | 18 = 9 · 2 | 16 = 8 · 2 | 12 = 6 · 2 |

1

3 · 10 = 30	5 · 10 = 50	7 · 10 = 70	4 · 10 = 40	0 · 10 = 0
10 · 3 = 30	10 · 5 = 50	10 · 7 = 70	10 · 4 = 40	10 · 0 = 0
2 · 10 = 20	6 · 10 = 60	9 · 10 = 90	8 · 10 = 80	1 · 10 = 10
10 · 2 = 20	10 · 6 = 60	10 · 9 = 90	10 · 8 = 80	10 · 1 = 10

2

4 · 5 = 20	0 · 5 = 0	6 · 5 = 30	2 · 5 = 10	8 · 5 = 40
5 · 4 = 20	5 · 0 = 0	5 · 6 = 30	5 · 2 = 10	5 · 8 = 40
10 · 5 = 50	1 · 5 = 5	9 · 5 = 45	7 · 5 = 35	3 · 5 = 15
5 · 10 = 50	5 · 1 = 5	5 · 9 = 45	5 · 7 = 35	5 · 3 = 15

3 Färbe Aufgabe und Tauschaufgabe in der gleichen Farbe und rechne.

3 · 2 = 6 2 · 4 = 8 7 · 2 = 14 5 · 2 = 10 1 · 2 = 2
2 · 1 = 2 2 · 3 = 6 8 · 2 = 16 2 · 9 = 18 2 · 6 = 12
9 · 2 = 18 2 · 7 = 14 0 · 2 = 0 2 · 8 = 16 2 · 5 = 10
10 · 2 = 20 6 · 2 = 12 2 · 10 = 20 4 · 2 = 8 2 · 0 = 0

Welche Aufgabe fällt dir leichter?

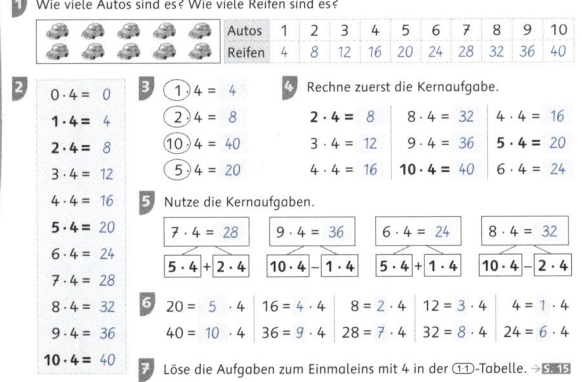

14 ☺ ☻ ☹

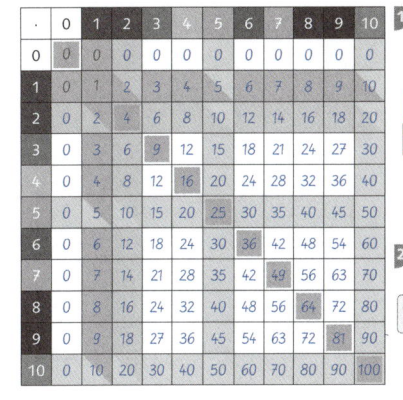

·	0	1	2	3	4	5	6	7	8	9	10
0	0	0	0	0	0	0	0	0	0	0	0
1	0	1	2	3	4	5	6	7	8	9	10
2	0	2	4	6	8	10	12	14	16	18	20
3	0	3	6	9	12	15	18	21	24	27	30
4	0	4	8	12	16	20	24	28	32	36	40
5	0	5	10	15	20	25	30	35	40	45	50
6	0	6	12	18	24	30	36	42	48	54	60
7	0	7	14	21	28	35	42	49	56	63	70
8	0	8	16	24	32	40	48	56	64	72	80
9	0	9	18	27	36	45	54	63	72	81	90
10	0	10	20	30	40	50	60	70	80	90	100

1 Färbe die Begriffe in der passenden Farbe.

Einmaleins mit 2
Einmaleins mit 10
Einmaleins mit 1
Einmaleins mit 5
Quadrataufgaben

2 Löse die Aufgaben in den farbigen Feldern.

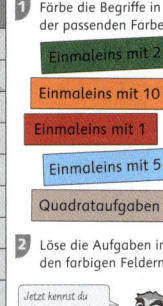

Jetzt kennst du alle Kernaufgaben.

☺ ☻ ☹ 15

1 Wie viele Autos sind es? Wie viele Reifen sind es?

Autos	1	2	3	4	5	6	7	8	9	10
Reifen	4	8	12	16	20	24	28	32	36	40

2
0 · 4 = 0
1 · 4 = 4
2 · 4 = 8
3 · 4 = 12
4 · 4 = 16
5 · 4 = 20
6 · 4 = 24
7 · 4 = 28
8 · 4 = 32
9 · 4 = 36
10 · 4 = 40

3
1 · 4 = 4
2 · 4 = 8
10 · 4 = 40
5 · 4 = 20

4 Rechne zuerst die Kernaufgabe.

2 · 4 = 8	8 · 4 = 32	4 · 4 = 16
3 · 4 = 12	9 · 4 = 36	**5 · 4 = 20**
4 · 4 = 16	**10 · 4 = 40**	6 · 4 = 24

5 Nutze die Kernaufgaben.

7 · 4 = 28	9 · 4 = 36	6 · 4 = 24	8 · 4 = 32
5 · 4 + 2 · 4	10 · 4 – 1 · 4	5 · 4 + 1 · 4	10 · 4 – 2 · 4

6
20 = 5 · 4 16 = 4 · 4 8 = 2 · 4 12 = 3 · 4 4 = 1 · 4
40 = 10 · 4 36 = 9 · 4 28 = 7 · 4 32 = 8 · 4 24 = 6 · 4

7 Löse die Aufgaben zum Einmaleins mit 4 in der 1·1-Tabelle. → S. 15

16 ☺ ☻ ☹

1

1 · 2 = 2	1 · 4 = 4	0 · 2 = 0	0 · 4 = 0	5 · 2 = 10	10 · 2 = 20
2 · 2 = 4	2 · 4 = 8	3 · 2 = 6	3 · 4 = 12	5 · 4 = 20	10 · 4 = 40
4 · 2 = 8	4 · 4 = 16	6 · 2 = 12	6 · 4 = 24	7 · 2 = 14	6 · 2 = 12
8 · 2 = 16	8 · 4 = 32	9 · 2 = 18	9 · 4 = 36	7 · 4 = 28	6 · 4 = 24

2 Gute Paare!

12 = 6 · 2   4 = 2 · 1   0 = 0 · 2
12 = 3 · 4   4 = 1 · 4   0 = 0 · 4
8 = 4 · 2   16 = 8 · 2   20 = 10 · 2
8 = 2 · 4   16 = 4 · 4   20 = 5 · 4

3
16 = 2 · 8   32 = 4 · 8
12 = 2 · 6   24 = 4 · 6
20 = 2 · 10   40 = 4 · 10
14 = 2 · 7   28 = 4 · 7
18 = 2 · 9   36 = 4 · 9

4 Färbe Aufgabe und Tauschaufgabe in der gleichen Farbe und rechne.

4 · 2 = 8 2 · 6 = 12 8 · 2 = 16 2 · 8 = 16 4 · 7 = 28
6 · 2 = 12 4 · 9 = 36 7 · 4 = 28 5 · 4 = 20
4 · 5 = 20 5 · 2 = 10 2 · 4 = 8 2 · 5 = 10 9 · 4 = 36

Welche Aufgabe fällt dir leichter?

☺ ☻ ☹ 17

Einmaleins mit 8

1 Wie viele Spinnen sind es? Wie viele Beine sind es?

Spinnen	1	2	3	4	5	6	7	8	9	10
Beine	8	16	24	32	40	48	56	64	72	80

2
0·8 = 0
1·8 = 8
2·8 = 16
3·8 = 24
4·8 = 32
5·8 = 40
6·8 = 48
7·8 = 56
8·8 = 64
9·8 = 72
10·8 = 80

3
①8 = 8
②8 = 16
⑩8 = 80
⑤8 = 40

4 Rechne zuerst die Kernaufgabe.
2·8 = 16   8·8 = 64   4·8 = 32
10·8 = 80   3·8 = 24   5·8 = 40
5·8 = 40   4·8 = 32   10·8 = 80   6·8 = 48

5 Nutze die Kernaufgaben.

7·8 = 56	9·8 = 72	6·8 = 48	8·8 = 64
5·8 + 2·8	10·8 − 1·8	5·8 + 1·8	10·8 − 2·8

6
40 = 5·8   16 = 2·8   8 = 1·8   80 = 10·8   64 = 8·8
48 = 6·8   32 = 4·8   24 = 3·8   72 = 9·8   56 = 7·8

7 Löse die Aufgaben zum Einmaleins mit 8 in der (1·1)-Tabelle. →S.15

18 ☺ 😐 ☹

Einmaleins mit 2, 4 und 8

1
3·2 = 6   6·2 = 12   7·2 = 14
3·4 = 12   6·4 = 24   7·4 = 28
3·8 = 24   6·8 = 48   7·8 = 56

2
10 = 5·2   4 = 2·2   16 = 8·2
24 = 6·4   16 = 4·4   8 = 2·4
64 = 8·8   24 = 3·8   72 = 9·8

3

·	2	4	8
8	16	32	64
4	8	16	32
2	4	8	16
10	20	40	80
1	2	4	8
3	6	12	24
5	10	20	40
9	18	36	72
6	12	24	48
7	14	28	56

4 Schreibe alle Ergebniszahlen des Einmaleins mit 2, mit 4 und mit 8 auf.

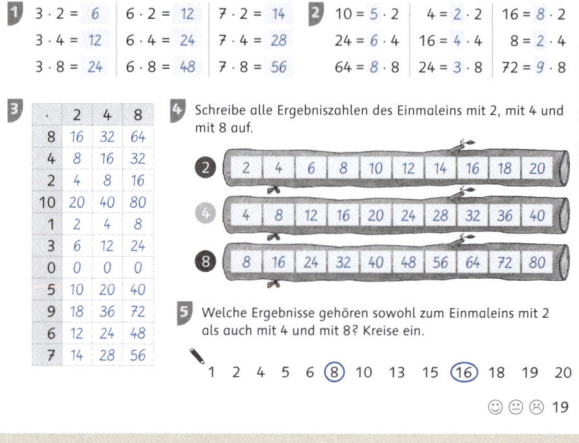

2 2 4 6 8 10 12 14 16 18 20
4 4 8 12 16 20 24 28 32 36 40
8 8 16 24 32 40 48 56 64 72 80

5 Welche Ergebnisse gehören sowohl zum Einmaleins mit 2 als auch mit 4 und mit 8? Kreise ein.

1 2 4 5 6 (8) 10 13 15 (16) 18 19 20

☺ 😐 ☹ 19

Einmaleins mit 3

1 Wie viele Dreiecke sind es? Wie viele einzelne Stäbe sind es?

Dreiecke	1	2	3	4	5	6	7	8	9	10
Stäbe	3	6	9	12	15	18	21	24	27	30

2
0·3 = 0
1·3 = 3
2·3 = 6
3·3 = 9
4·3 = 12
5·3 = 15
6·3 = 18
7·3 = 21
8·3 = 24
9·3 = 27
10·3 = 30

3
①3 = 3
②3 = 6
⑩3 = 30
⑤3 = 15

4 Rechne zuerst die Kernaufgabe.
2·3 = 6   8·3 = 24   4·3 = 12
3·3 = 9   9·3 = 27   5·3 = 15
4·3 = 12   10·3 = 30   6·3 = 18

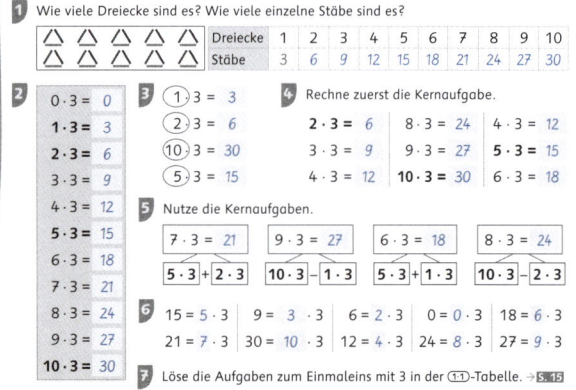

5 Nutze die Kernaufgaben.

7·3 = 21	9·3 = 27	6·3 = 18	8·3 = 24
5·3 + 2·3	10·3 − 1·3	5·3 + 1·3	10·3 − 2·3

6
15 = 5·3   9 = 3·3   6 = 2·3   0 = 0·3   18 = 6·3
21 = 7·3   30 = 10·3   12 = 4·3   24 = 8·3   27 = 9·3

7 Löse die Aufgaben zum Einmaleins mit 3 in der (1·1)-Tabelle. →S.15

20 ☺ 😐 ☹

Einmaleins mit 6

1 Wie viele Ameisen sind es? Wie viele Beine sind es?

Ameisen	1	2	3	4	5	6	7	8	9	10
Beine	6	12	18	24	30	36	42	48	54	60

2
0·6 = 0
1·6 = 6
2·6 = 12
3·6 = 18
4·6 = 24
5·6 = 30
6·6 = 36
7·6 = 42
8·6 = 48
9·6 = 54
10·6 = 60

3
①6 = 6
②6 = 12
⑩6 = 60
⑤6 = 30

4 Rechne zuerst die Kernaufgabe.
2·6 = 12   8·6 = 48   4·6 = 24
3·6 = 18   9·6 = 54   5·6 = 30
4·6 = 24   10·6 = 60   6·6 = 36

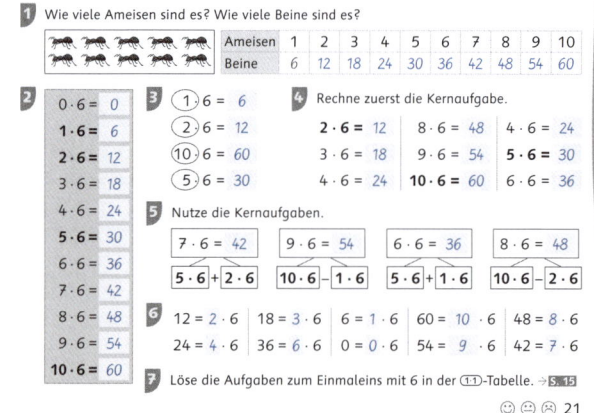

5 Nutze die Kernaufgaben.

7·6 = 42	9·6 = 54	6·6 = 36	8·6 = 48
5·6 + 2·6	10·6 − 1·6	5·6 + 1·6	10·6 − 2·6

6
12 = 2·6   18 = 3·6   6 = 1·6   60 = 10·6   48 = 8·6
24 = 4·6   36 = 6·6   0 = 0·6   54 = 9·6   42 = 7·6

7 Löse die Aufgaben zum Einmaleins mit 6 in der (1·1)-Tabelle. →S.15

☺ 😐 ☹ 21

Einmaleins mit 3 und 6

1

$1 \cdot 3 = 3$	$1 \cdot 6 = 6$	$0 \cdot 3 = 0$	$0 \cdot 6 = 0$	$5 \cdot 3 = 15$	$10 \cdot 3 = 30$
$2 \cdot 3 = 6$	$2 \cdot 6 = 12$	$3 \cdot 3 = 9$	$3 \cdot 6 = 18$	$5 \cdot 6 = 30$	$10 \cdot 6 = 60$
$4 \cdot 3 = 12$	$4 \cdot 6 = 24$	$6 \cdot 3 = 18$	$6 \cdot 6 = 36$	$7 \cdot 3 = 21$	$7 \cdot 6 = 42$
$8 \cdot 3 = 24$	$8 \cdot 6 = 48$	$9 \cdot 3 = 27$	$9 \cdot 6 = 54$	$7 \cdot 6 = 42$	$6 \cdot 6 = 36$

2 Gute Paare!

$12 = 4 \cdot 3$	$6 = 2 \cdot 3$	$0 = 0 \cdot 3$
$12 = 2 \cdot 6$	$6 = 1 \cdot 6$	$0 = 0 \cdot 6$
$24 = 8 \cdot 3$	$18 = 6 \cdot 3$	$30 = 10 \cdot 3$
$24 = 4 \cdot 6$	$18 = 3 \cdot 6$	$30 = 5 \cdot 6$

3

$9 = 3 \cdot 3$	$18 = 6 \cdot 3$
$24 = 3 \cdot 8$	$48 = 6 \cdot 8$
$18 = 3 \cdot 6$	$36 = 6 \cdot 6$
$30 = 3 \cdot 10$	$60 = 6 \cdot 10$
$27 = 3 \cdot 9$	$54 = 6 \cdot 9$

4 Färbe Aufgabe und Tauschaufgabe in der gleichen Farbe und rechne.

Denke an die Kernaufgaben!

$3 \cdot 7 = 21$	$3 \cdot 8 = 24$	$8 \cdot 6 = 48$	$6 \cdot 7 = 42$	$6 \cdot 8 = 48$
$7 \cdot 3 = 21$	$8 \cdot 3 = 24$	$9 \cdot 6 = 54$	$4 \cdot 3 = 12$	
$6 \cdot 9 = 54$	$3 \cdot 9 = 27$	$7 \cdot 6 = 42$	$9 \cdot 3 = 27$	$3 \cdot 4 = 12$

22 ☺ ☺ ☹ ☹

Einmaleins mit 9

1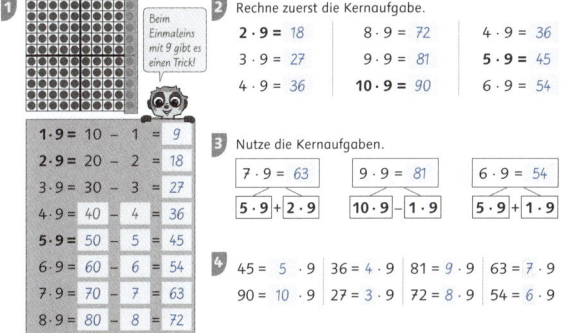

Beim Einmaleins mit 9 gibt es einen Trick!

$1 \cdot 9 =$	$10 - 1 =$	9
$2 \cdot 9 =$	$20 - 2 =$	18
$3 \cdot 9 =$	$30 - 3 =$	27
$4 \cdot 9 =$	$40 - 4 =$	36
$5 \cdot 9 =$	$50 - 5 =$	45
$6 \cdot 9 =$	$60 - 6 =$	54
$7 \cdot 9 =$	$70 - 7 =$	63
$8 \cdot 9 =$	$80 - 8 =$	72
$9 \cdot 9 =$	$90 - 9 =$	81
$10 \cdot 9 =$	$100 - 10 =$	90

2 Rechne zuerst die Kernaufgabe.

$2 \cdot 9 = 18$	$8 \cdot 9 = 72$	$4 \cdot 9 = 36$
$3 \cdot 9 = 27$	$9 \cdot 9 = 81$	$5 \cdot 9 = 45$
$4 \cdot 9 = 36$	$10 \cdot 9 = 90$	$6 \cdot 9 = 54$

3 Nutze die Kernaufgaben.

$7 \cdot 9 = 63$	$9 \cdot 9 = 81$	$6 \cdot 9 = 54$
$5 \cdot 9 + 2 \cdot 9$	$10 \cdot 9 - 1 \cdot 9$	$5 \cdot 9 + 1 \cdot 9$

4

$45 = 5 \cdot 9$	$36 = 4 \cdot 9$	$81 = 9 \cdot 9$	$63 = 7 \cdot 9$
$90 = 10 \cdot 9$	$27 = 3 \cdot 9$	$72 = 8 \cdot 9$	$54 = 6 \cdot 9$

5 Löse die Aufgaben zum Einmaleins mit 9 in der (1·1)-Tabelle. → S. 15

☺ ☺ ☹ ☹ 23

Einmaleins mit 3, 6 und 9

1

$2 \cdot 3 = 6$	$4 \cdot 3 = 12$	$8 \cdot 3 = 24$
$2 \cdot 6 = 12$	$4 \cdot 6 = 24$	$8 \cdot 6 = 48$
$2 \cdot 9 = 18$	$4 \cdot 9 = 36$	$8 \cdot 9 = 72$

2

$21 = 7 \cdot 3$	$9 = 3 \cdot 3$	$15 = 5 \cdot 3$
$30 = 5 \cdot 6$	$6 = 1 \cdot 6$	$36 = 6 \cdot 6$
$81 = 9 \cdot 9$	$27 = 3 \cdot 9$	$45 = 5 \cdot 9$

3

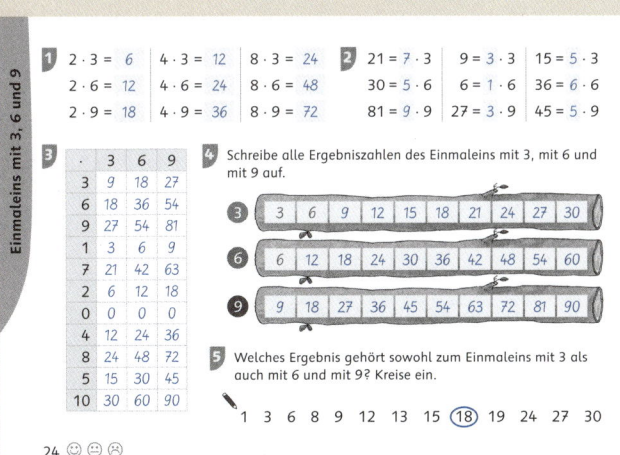

·	3	6	9
3	9	18	27
6	18	36	54
9	27	54	81
1	3	6	9
7	21	42	63
2	6	12	18
0	0	0	0
4	12	24	36
8	24	48	72
5	15	30	45
10	30	60	90

Schreibe alle Ergebniszahlen des Einmaleins mit 3, mit 6 und mit 9 auf.

3 3 6 9 12 15 18 21 24 27 30

6 6 12 18 24 30 36 42 48 54 60

9 9 18 27 36 45 54 63 72 81 90

5 Welches Ergebnis gehört sowohl zum Einmaleins mit 3 als auch mit 6 und mit 9? Kreise ein.

1 3 6 8 9 12 13 15 (18) 19 24 27 30

24 ☺ ☺ ☹ ☹

Einmaleins mit 7

1 Wie viele Käfer sind es? Wie viele Punkte sind es?

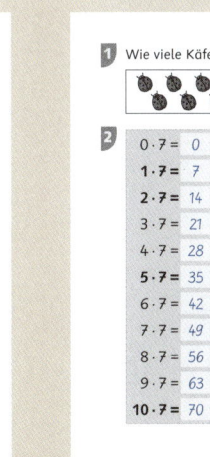

Käfer	1	2	3	4	5	6	7	8	9	10
Punkte	7	14	21	28	35	42	49	56	63	70

2

$0 \cdot 7 = 0$
$1 \cdot 7 = 7$
$2 \cdot 7 = 14$
$3 \cdot 7 = 21$
$4 \cdot 7 = 28$
$5 \cdot 7 = 35$
$6 \cdot 7 = 42$
$7 \cdot 7 = 49$
$8 \cdot 7 = 56$
$9 \cdot 7 = 63$
$10 \cdot 7 = 70$

3

$(1) \cdot 7 = 7$
$(2) \cdot 7 = 14$
$(10) \cdot 7 = 70$
$(5) \cdot 7 = 35$

4 Rechne zuerst die Kernaufgabe.

$2 \cdot 7 = 14$	$8 \cdot 7 = 56$	$4 \cdot 7 = 28$
$3 \cdot 7 = 21$	$9 \cdot 7 = 63$	$5 \cdot 7 = 35$
$4 \cdot 7 = 28$	$10 \cdot 7 = 70$	$6 \cdot 7 = 42$

5 Nutze die Kernaufgaben.

$7 \cdot 7 = 49$	$9 \cdot 7 = 63$	$6 \cdot 7 = 42$	$8 \cdot 7 = 56$
$5 \cdot 7 + 2 \cdot 7$	$10 \cdot 7 - 1 \cdot 7$	$5 \cdot 7 + 1 \cdot 7$	$10 \cdot 7 - 2 \cdot 7$

6

$35 = 5 \cdot 7$	$14 = 2 \cdot 7$	$21 = 3 \cdot 7$	$7 = 1 \cdot 7$	$56 = 8 \cdot 7$
$70 = 10 \cdot 7$	$28 = 4 \cdot 7$	$42 = 6 \cdot 7$	$49 = 7 \cdot 7$	$63 = 9 \cdot 7$

7 Löse die Aufgaben zum Einmaleins mit 7 in der (1·1)-Tabelle. → S. 15

☺ ☺ ☹ ☹ 25

Strategien (Wiederholung)

1 Strategie: Tauschaufgaben

7 · 1 = 7	4 · 10 = 40	6 · 5 = 30	9 · 2 = 18	3 · 5 = 15
1 · 7 = 7	10 · 4 = 40	5 · 6 = 30	2 · 9 = 18	5 · 3 = 15
3 · 2 = 6	8 · 10 = 80	9 · 5 = 45	7 · 5 = 35	6 · 2 = 12
2 · 3 = 6	10 · 8 = 80	5 · 9 = 45	5 · 7 = 35	2 · 6 = 12

2 Strategie: Verdoppeln

2 · 3 = 6	1 · 8 = 8	4 · 2 = 8	5 · 4 = 20	3 · 10 = 30
4 · 3 = 12	2 · 8 = 16	8 · 2 = 16	10 · 4 = 40	6 · 10 = 60
5 · 4 = 20	1 · 3 = 3	9 · 1 = 9	8 · 5 = 40	6 · 2 = 12
5 · 8 = 40	1 · 6 = 6	9 · 2 = 18	8 · 10 = 80	6 · 4 = 24

3 Strategie: Nachbaraufgaben

8 · 6 = 48	**2 · 8 =** 16	4 · 7 = 28	**1 · 9 =** 9	8 · 4 = 32
9 · 6 = 54	3 · 8 = 24	**5 · 7 =** 35	2 · 9 = 18	9 · 4 = 36
10 · 6 = 60	4 · 8 = 32	6 · 7 = 42	3 · 9 = 27	**10 · 4 =** 40

Verteilen

1 Verteile gerecht.

Sprich: 10 geteilt durch 2.

10 : 2 = 5 15 : 3 = 5 12 : 3 = 4

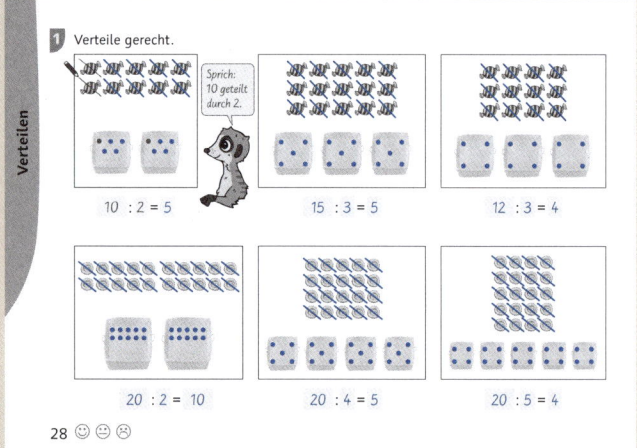

20 : 2 = 10 20 : 4 = 5 20 : 5 = 4

1 Teile auf. Immer gleich viele.

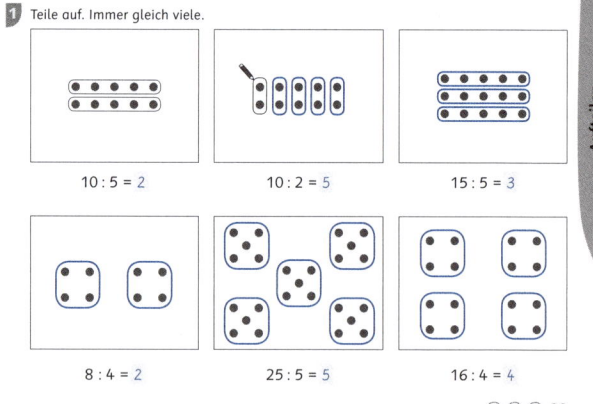

10 : 5 = 2 10 : 2 = 5 15 : 5 = 3

8 : 4 = 2 25 : 5 = 5 16 : 4 = 4

Aufteilen

Umkehraufgaben (S. 30)

Die Umkehraufgabe:
$4 \cdot 5 = 20$
$20 : 5 = 4$

1
$5 \cdot 3 = 15$
$15 : 3 = 5$

$2 \cdot 3 = 6$
$6 : 3 = 2$

$6 \cdot 2 = 12$
$12 : 2 = 6$

$5 \cdot 5 = 25$
$25 : 5 = 5$

2
$2 \cdot 2 = 4$
$4 : 2 = 2$

$2 \cdot 5 = 10$
$10 : 5 = 2$

$3 \cdot 5 = 15$
$15 : 3 = 5$

$5 \cdot 7 = 35$
$35 : 7 = 5$

$2 \cdot 8 = 16$
$16 : 8 = 2$

$6 \cdot 5 = 30$
$30 : 5 = 6$

3
$7 \cdot 2 = 14$
$14 : 2 = 7$

$9 \cdot 1 = 9$
$9 : 1 = 9$

$8 \cdot 5 = 40$
$40 : 5 = 8$

$8 \cdot 10 = 80$
$80 : 10 = 8$

$2 \cdot 9 = 18$
$18 : 9 = 2$

$10 \cdot 3 = 30$
$30 : 3 = 10$

Umkehraufgaben (S. 31)

$8 : 4 \cdot 2,$ denn $2 \cdot 4 \cdot 8.$

1
$8 : 4 = 2$
$2 \cdot 4 = 8$

$25 : 5 = 5$
$5 \cdot 5 = 25$

$7 : 7 = 1$
$1 \cdot 7 = 7$

$12 : 6 = 2$
$2 \cdot 6 = 12$

$20 : 4 = 5$
$5 \cdot 4 = 20$

2
$6 : 2 = 3$
$3 \cdot 2 = 6$

$40 : 8 = 5$
$5 \cdot 8 = 40$

$20 : 5 = 4$
$4 \cdot 5 = 20$

$30 : 6 = 5$
$5 \cdot 6 = 30$

$14 : 7 = 2$
$2 \cdot 7 = 14$

$10 : 2 = 5$
$5 \cdot 2 = 10$

3
$18 : 2 = 9$
$9 \cdot 2 = 18$

$6 : 6 = 1$
$1 \cdot 6 = 6$

$45 : 9 = 5$
$5 \cdot 9 = 45$

$50 : 10 = 5$
$5 \cdot 10 = 50$

$35 : 5 = 7$
$7 \cdot 5 = 35$

$70 : 7 = 10$
$10 \cdot 7 = 70$

Nachbaraufgaben (S. 32) ☺

Nachbaraufgaben:
eine Reihe weniger
$12 : 3 = 4$
$15 : 3 = 5$
eine Reihe mehr
$18 : 3 = 6$

1 Rechne zuerst die leichte Geteiltaufgabe, dann die Nachbaraufgaben.

$24 : 6 = 4$ $\mathbf{14 : 7 = 2}$ $16 : 4 = 4$

$30 : 6 = 5$ $21 : 7 = 3$ $20 : 4 = 5$

$\mathbf{30 : 6 = 5}$ $21 : 7 = 3$ $\mathbf{20 : 4 = 5}$

$36 : 6 = 6$ $28 : 7 = 4$ $24 : 4 = 6$

$24 : 3 = 8$

$27 : 3 = 9$

$\mathbf{30 : 3 = 10}$

2 Rechne zuerst die leichte Geteiltaufgabe.

$28 : 7 = 4$	$\mathbf{16 : 8 = 2}$	$32 : 4 = 8$	$36 : 9 = 4$
$\mathbf{35 : 7 = 5}$	$24 : 8 = 3$	$36 : 4 = 9$	$\mathbf{45 : 9 = 5}$
$42 : 7 = 6$	$32 : 8 = 4$	$\mathbf{40 : 4 = 10}$	$54 : 9 = 6$

Nachbaraufgaben (S. 33) ☺

1 Gute Nachbarn! Rechne immer zuerst die leichte Geteiltaufgabe.

$8 : 4 = 2$	$32 : 8 = 4$	$18 : 9 = 2$	$42 : 7 = 6$	$30 : 6 = 5$
$12 : 4 = 3$	$40 : 8 = 5$	$27 : 9 = 3$	$35 : 7 = 5$	$24 : 6 = 4$
$63 : 7 = 9$	$6 : 3 = 2$	$24 : 8 = 3$	$45 : 9 = 5$	$20 : 4 = 5$
$70 : 7 = 10$	$9 : 3 = 3$	$16 : 8 = 2$	$36 : 9 = 4$	$16 : 4 = 4$
$81 : 9 = 9$	$21 : 7 = 3$	$18 : 3 = 6$	$60 : 6 = 10$	$40 : 8 = 5$
$90 : 9 = 10$	$14 : 7 = 2$	$15 : 3 = 5$	$54 : 6 = 9$	$48 : 8 = 6$

2

:	4		:	8		:	3		:	6		:	9
20	5		80	10		15	5		12	2		45	5
24	6		72	9		12	4		18	3		54	6
28	7		64	8		9	3		24	4		63	7

1 3 Zahlen – 4 Aufgaben!

| 3 | 4 | 12 |

$3 \cdot 4 = 12$
$4 \cdot 3 = 12$
$12 : 3 = 4$
$12 : 4 = 3$

| 2 | 4 | 8 |

$2 \cdot 4 = 8$
$4 \cdot 2 = 8$
$8 : 2 = 4$
$8 : 4 = 2$

| 2 | 3 | 6 |

$2 \cdot 3 = 6$
$3 \cdot 2 = 6$
$6 : 2 = 3$
$6 : 3 = 2$

2 Bilde immer 4 Aufgaben.

| 2 | 5 | 10 |

$2 \cdot 5 = 10$
$5 \cdot 2 = 10$
$10 : 2 = 5$
$10 : 5 = 2$

| 4 | 5 | 20 |

$4 \cdot 5 = 20$
$5 \cdot 4 = 20$
$20 : 4 = 5$
$20 : 5 = 4$

| 5 | 10 | 50 |

$5 \cdot 10 = 50$
$10 \cdot 5 = 50$
$50 : 5 = 10$
$50 : 10 = 5$

| 5 | 6 | 30 |

$5 \cdot 6 = 30$
$6 \cdot 5 = 30$
$30 : 5 = 6$
$30 : 6 = 5$

| 3 | 9 | 27 |

$3 \cdot 9 = 27$
$9 \cdot 3 = 27$
$27 : 3 = 9$
$27 : 9 = 3$

| 8 | 9 | 72 |

$8 \cdot 9 = 72$
$9 \cdot 8 = 72$
$72 : 8 = 9$
$72 : 9 = 8$

---

1 Finde die fehlende Zahl und bilde 4 Aufgaben.

| 9 | 4 | 36 |

$4 \cdot 9 = 36$
$9 \cdot 4 = 36$
$36 : 4 = 9$
$36 : 9 = 4$

| 1 | 5 | 5 |

$1 \cdot 5 = 5$
$5 \cdot 1 = 5$
$5 : 1 = 5$
$5 : 5 = 1$

| 4 | 6 | 24 |

$4 \cdot 6 = 24$
$6 \cdot 4 = 24$
$24 : 4 = 6$
$24 : 6 = 4$

| 6 | 9 | 54 |

$6 \cdot 9 = 54$
$9 \cdot 6 = 54$
$54 : 6 = 9$
$54 : 9 = 6$

| 3 | 8 | 24 |

$3 \cdot 8 = 24$
$8 \cdot 3 = 24$
$24 : 8 = 3$
$24 : 3 = 8$

| 1 | 8 | 8 |

$1 \cdot 8 = 8$
$8 \cdot 1 = 8$
$8 : 1 = 8$
$8 : 8 = 1$

| 6 | 8 | 48 |

$6 \cdot 8 = 48$
$8 \cdot 6 = 48$
$48 : 6 = 8$
$48 : 8 = 6$

| 6 | 7 | 42 |

$6 \cdot 7 = 42$
$7 \cdot 6 = 42$
$42 : 6 = 7$
$42 : 7 = 6$

2

Besondere Verwandte!

| 4 | 4 | 16 |

$4 \cdot 4 = 16$
$16 : 4 = 4$

| 8 | 8 | 64 |

$8 \cdot 8 = 64$
$64 : 8 = 8$

| 5 | 5 | 25 |

$5 \cdot 5 = 25$
$25 : 5 = 5$

| 6 | 6 | 36 |

$6 \cdot 6 = 36$
$36 : 6 = 6$

| 9 | 9 | 81 |

$9 \cdot 9 = 81$
$81 : 9 = 9$

| 7 | 7 | 49 |

$7 \cdot 7 = 49$
$49 : 7 = 7$

---

1 Immer 2!

Sprich: 8 Rest 1.

$17 : 2 = 8$ Rest 1

Immer 5!

$29 : 5 = 5$ Rest 4

Immer 10!

$43 : 10 = 4$ Rest 3

Immer 3!

$26 : 3 = 8$ Rest 2

Immer 6!

$35 : 6 = 5$ Rest 5

Immer 9!

$44 : 9 = 4$ Rest 8

2 Male Punktbilder. Löse die Geteiltaufgaben mit Rest.

$17 : 4 = 4$ Rest 1

$24 : 7 = 3$ Rest 3

$18 : 8 = 2$ Rest 2

---

1 Rechne zuerst die leichte Geteiltaufgabe.

$18 : 4 = 4$ Rest 2
$16 : 4 = 4$

$34 : 6 = 5$ Rest 4
$30 : 6 = 5$

$29 : 3 = 9$ Rest 2
$27 : 3 = 9$

$39 : 7 = 5$ Rest 4
$35 : 7 = 5$

$36 : 8 = 4$ Rest 4
$32 : 8 = 4$

$72 : 10 = 7$ Rest 2
$70 : 10 = 7$

$44 : 5 = 8$ Rest 4
$40 : 5 = 8$

$51 : 9 = 5$ Rest 6
$45 : 9 = 5$

2 Rechne Geteiltaufgaben mit Rest. Überprüfe mit der Umkehraufgabe.

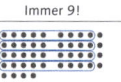

Ich zähle den Rest zur Malaufgabe dazu.

$11 : 4 = 2$ Rest 3
$2 \cdot 4 + 3 = 11$

$28 : 6 = 4$ Rest 4
$4 \cdot 6 + 4 = 28$

$13 : 2 = 6$ Rest 1
$6 \cdot 2 + 1 = 13$

$28 : 9 = 3$ Rest 1
$3 \cdot 9 + 1 = 28$

$10 : 3 = 3$ Rest 1
$3 \cdot 3 + 1 = 10$

$23 : 4 = 5$ Rest 3
$5 \cdot 4 + 3 = 23$

$99 : 10 = 9$ Rest 9
$9 \cdot 10 + 9 = 99$

$67 : 8 = 8$ Rest 3
$8 \cdot 8 + 3 = 67$

$50 : 7 = 7$ Rest 1
$7 \cdot 7 + 1 = 50$

$32 : 5 = 6$ Rest 2
$6 \cdot 5 + 2 = 32$

Schöne Päckchen ☺ und ☹

1 Schöne Päckchen! Setze fort und rechne.

10 · 4 = 40	0 · 6 = 0	35 = 5 · 7	90 = 10 · 9
9 · 4 = 36	2 · 6 = 12	28 = 4 · 7	72 = 8 · 9
8 · 4 = 32	4 · 6 = 24	21 = 3 · 7	54 = 6 · 9
7 · 4 = 28	6 · 6 = 36	14 = 2 · 7	36 = 4 · 9
6 · 4 = 24	8 · 6 = 48	7 = 1 · 7	18 = 2 · 9
5 · 4 = 20	10 · 6 = 60	0 = 0 · 7	0 = 0 · 9

50 : 5 = 10	0 : 2 = 0	24 : 3 = 8	49 : 8 = 6 Rest 1
45 : 5 = 9	4 : 2 = 2	25 : 3 = 8 Rest 1	41 : 8 = 5 Rest 1
40 : 5 = 8	8 : 2 = 4	26 : 3 = 8 Rest 2	33 : 8 = 4 Rest 1
35 : 5 = 7	12 : 2 = 6	27 : 3 = 9	25 : 8 = 3 Rest 1
30 : 5 = 6	16 : 2 = 8	28 : 3 = 9 Rest 1	17 : 8 = 2 Rest 1
25 : 5 = 5	20 : 2 = 10	29 : 3 = 9 Rest 2	9 : 8 = 1 Rest 1

☺ Tabellen / ☺ Tabellen

1

·	3	8	5
4	12	32	20
5	15	40	25

·	2	6	9
9	18	54	81
10	20	60	90

·	8	4	7
2	16	8	14
3	24	12	21

·	7	9	2
5	35	45	10
6	42	54	12

·	2	5	3	7	6	9
2	4	10	6	14	12	18
4	8	20	12	28	24	36
8	16	40	24	56	48	72

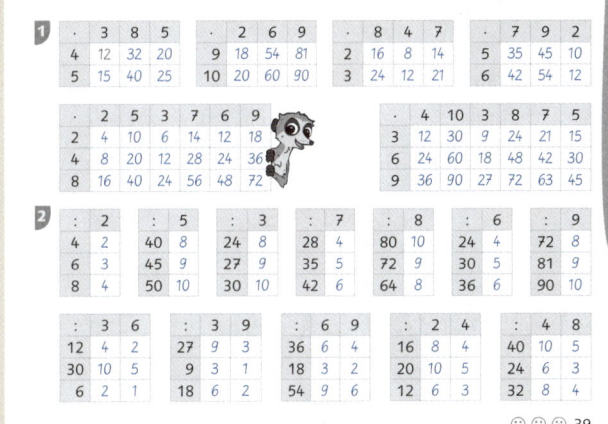

·	4	10	3	8	7	5
3	12	30	9	24	21	15
6	24	60	18	48	42	30
9	36	90	27	72	63	45

2

: 2		: 5		: 3		: 7		: 8		: 6		: 9	
4	2	40	8	24	8	28	4	80	10	24	4	72	8
6	3	45	9	27	9	35	5	48	6	30	5	81	9
8	4	50	10	30	10	42	6	64	8	36	6	90	10

:	3	6
12	4	2
30	10	5
18	6	3

:	3	9
27	9	3
9	3	1
54	18	6

:	6	9
36	6	4
18	3	2
54	9	6

:	2	4
16	8	4
20	10	5
12	6	3

:	4	8
40	10	5
24	6	3
32	8	4

Übungen – bunt gemischt

1 Welche Ergebniszahlen gehören nicht zum Einmaleins mit 4? Streiche durch.

~~2~~ 4 ~~7~~ 8 ~~10~~ 12 ~~14~~ ~~18~~ 20 ~~21~~ 24 ~~25~~ ~~27~~ 28 ~~30~~ 32 36 ~~38~~ 40

2 Welche Ergebniszahlen gehören nicht zum Einmaleins mit 7? Streiche durch.

~~2~~ 7 ~~11~~ 14 ~~17~~ 21 ~~22~~ ~~27~~ ~~32~~ 35 ~~39~~ 42 ~~45~~ 49 ~~54~~ 56 70

3 Welche Ergebniszahlen gehören nicht zum Einmaleins mit 9? Streiche durch.

9 ~~15~~ 18 27 ~~30~~ 36 ~~39~~ ~~41~~ 45 ~~49~~ 54 ~~56~~ 63 ~~64~~ ~~69~~ ~~77~~ 81

4 Finde viele Mal- und Geteiltaufgaben.

> Denke an die verwandten Aufgaben.

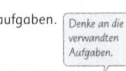

1 · 12 = 12	12 : 12 = 1	1 · 20 = 20	20 : 20 = 1
2 · 6 = 12	12 : 6 = 2	2 · 10 = 20	20 : 10 = 2
3 · 4 = 12	12 : 4 = 3	4 · 5 = 20	20 : 5 = 4
4 · 3 = 12	12 : 3 = 4	5 · 4 = 20	20 : 4 = 5
6 · 2 = 12	12 : 2 = 6	10 · 2 = 20	20 : 2 = 10
12 · 1 = 12	12 : 1 = 12	20 · 1 = 20	20 : 1 = 20

Übungen – bunt gemischt

1 Färbe die Malaufgabe und die passende Geteiltaufgabe in der gleichen Farbe.

2 · 9 = 18	3 · 4 = 12	40 : 8 = 5	8 · 10 = 80	4 · 6 = 24	21 : 3 = 7
7 · 3 = 21	42 : 7 = 6	24 : 6 = 4	0 : 4 = 0	6 · 7 = 42	5 · 8 = 40
12 : 4 = 3	80 : 10 = 8	45 : 5 = 9	9 · 5 = 45	18 : 9 = 2	0 · 4 = 0

2 Platzhalteraufgaben! Denke an die verwandten Aufgaben.

> 18 : 3 = 6, denn 6 · 3 = 18.

18 : 3 = 6	25 : 5 = 5	28 : 4 = 7	40 : 10 = 4
21 : 7 = 3	36 : 4 = 9	15 : 5 = 3	54 : 6 = 9
24 : 6 = 4	42 : 7 = 6	24 : 3 = 8	36 : 6 = 6
12 : 2 = 6	48 : 6 = 8	35 : 7 = 5	20 : 4 = 5

> 3 · 4 = 12, denn 12 : 4 = 3.

3 · 4 = 12	7 · 7 = 49	4 · 4 = 16	2 · 6 = 12
7 · 2 = 14	10 · 5 = 50	10 · 9 = 90	8 · 7 = 56
5 · 9 = 45	4 · 8 = 32	7 · 3 = 21	5 · 6 = 30
10 · 6 = 60	9 · 3 = 27	8 · 2 = 16	9 · 8 = 72

Viel Spaß!

⬛ = 2   ⬛ = 3   ⬛ = 4   ⬛ = 5
⬛ = 6   ⬛ = 8   ⬛ = 9   ⬛ = 10

42

1

·	0	1	2	3	4	5	6	7	8	9	10
1	0	1	2	3	4	5	6	7	8	9	10
2	0	2	4	6	8	10	12	14	16	18	20
10	0	10	20	30	40	50	60	70	80	90	100
5	0	5	10	15	20	25	30	35	40	45	50

Kannst du schon alle Kernaufgaben auswendig?

2

$6 \cdot 8 = 48$ $9 \cdot 6 = 54$ $7 \cdot 3 = 21$ $8 \cdot 4 = 32$

$5 \cdot 8 + 1 \cdot 8$ $10 \cdot 6 - 1 \cdot 6$ $5 \cdot 3 + 2 \cdot 3$ $10 \cdot 4 - 2 \cdot 4$

3

$2 \cdot 4 = 8$	$4 \cdot 7 = 28$	$8 \cdot 3 = 24$	$4 \cdot 6 = 24$	$2 \cdot 8 = 16$	$8 \cdot 9 = 72$
$3 \cdot 4 = 12$	$5 \cdot 7 = 35$	$9 \cdot 3 = 27$	$5 \cdot 6 = 30$	$3 \cdot 8 = 24$	$9 \cdot 9 = 81$
$4 \cdot 4 = 16$	$6 \cdot 7 = 42$	$10 \cdot 3 = 30$	$6 \cdot 6 = 36$	$4 \cdot 8 = 32$	$10 \cdot 9 = 90$

4 Verdopple.

$2 \cdot 3 = 6$ $6 \cdot 3 = 18$
$4 \cdot 3 = 12$ $6 \cdot 6 = 36$

5 Bilde die Tauschaufgabe und rechne.

$4 \cdot 10 = 40$ $9 \cdot 5 = 45$ $7 \cdot 2 = 14$
$10 \cdot 4 = 40$ $5 \cdot 9 = 45$ $2 \cdot 7 = 14$

43

---

1 Bilde die Umkehraufgabe und rechne.

$25 : 5 = 5$ $16 : 8 = 2$ $60 : 6 = 10$ $18 : 2 = 9$ $35 : 5 = 7$
$5 \cdot 5 = 25$ $2 \cdot 8 = 16$ $10 \cdot 6 = 60$ $9 \cdot 2 = 18$ $7 \cdot 5 = 35$

2

$32 : 8 = 4$	$12 : 6 = 2$	$72 : 9 = 8$	$14 : 7 = 2$	$16 : 4 = 4$	$24 : 3 = 8$
$40 : 8 = 5$	$18 : 6 = 3$	$81 : 9 = 9$	$21 : 7 = 3$	$20 : 4 = 5$	$27 : 3 = 9$
$48 : 8 = 6$	$24 : 6 = 4$	$90 : 9 = 10$	$28 : 7 = 4$	$24 : 4 = 6$	$30 : 3 = 10$

3 Bilde immer 4 Aufgaben.

3	8	24		4	9	36		5	9	45		6	7	42
3 · 8 = 24				4 · 9 = 36				5 · 9 = 45				6 · 7 = 42		
8 · 3 = 24				9 · 4 = 36				9 · 5 = 45				7 · 6 = 42		
24 : 3 = 8				36 : 4 = 9				45 : 5 = 9				42 : 6 = 7		
24 : 8 = 3				36 : 9 = 4				45 : 9 = 5				42 : 7 = 6		

4 Rechne Geteiltaufgaben mit Rest. Überprüfe mit der Umkehraufgabe.

$15 : 2 = 7$ Rest 1 $78 : 10 = 7$ Rest 8 $40 : 6 = 6$ Rest 4 $35 : 4 = 8$ Rest 3
$7 \cdot 2 + 1 = 15$ $7 \cdot 10 + 8 = 78$ $6 \cdot 6 + 4 = 40$ $8 \cdot 4 + 3 = 35$

44

1

Beim Einmaleins mit 9 gibt es einen Trick!

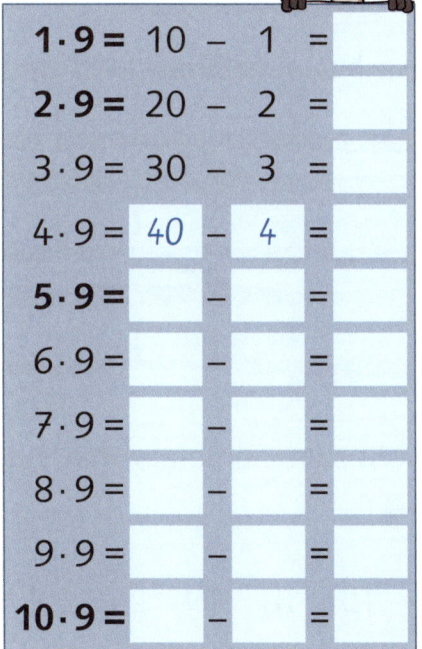

1·9 =	10	– 1	=
2·9 =	20	– 2	=
3·9 =	30	– 3	=
4·9 =	40	– 4	=
5·9 =		–	=
6·9 =		–	=
7·9 =		–	=
8·9 =		–	=
9·9 =		–	=
10·9 =		–	=

2 Rechne zuerst die Kernaufgabe.

2 · 9 = [ ]   8 · 9 = [ ]   4 · 9 = [ ]

3 · 9 = [ ]   9 · 9 = [ ]   **5 · 9 =** [ ]

4 · 9 = [ ]   **10 · 9 =** [ ]   6 · 9 = [ ]

3 Nutze die Kernaufgaben.

7 · 9 = [ ]   9 · 9 = [ ]   6 · 9 = [ ]

5 · 9 + **2 · 9**   **10 · 9** – **1 · 9**   **5 · 9** + **1 · 9**

4

45 = [ ] · 9 | 36 = [ ] · 9 | 81 = [ ] · 9 | 63 = [ ] · 9

90 = [ ] · 9 | 27 = [ ] · 9 | 72 = [ ] · 9 | 54 = [ ] · 9

5 Löse die Aufgaben zum Einmaleins mit 9 in der
(1·1)-Tabelle. → **S. 15**

☺ 😐 ☹

 **1**

2 · 3 =	4 · 3 =	8 · 3 =
2 · 6 =	4 · 6 =	8 · 6 =
2 · 9 =	4 · 9 =	8 · 9 =

2

21 = ⬚ · 3	9 = ⬚ · 3	15 = ⬚ · 3
30 = ⬚ · 6	6 = ⬚ · 6	36 = ⬚ · 6
81 = ⬚ · 9	27 = ⬚ · 9	45 = ⬚ · 9

3

·	3	6	9
3			
6			
9			
1			
7			
2			
0			
4			
8			
5			
10			

4 Schreibe alle Ergebniszahlen des Einmaleins mit 3, mit 6 und mit 9 auf.

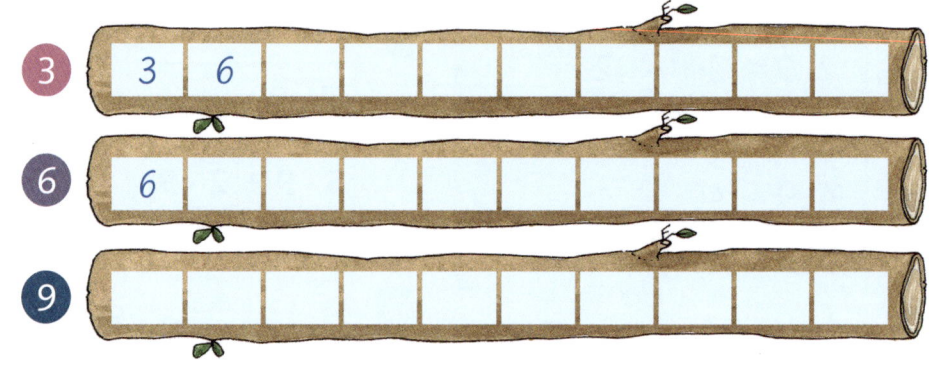

3 | 3 | 6 | | | | | | | |

6 | 6 | | | | | | | | |

9 | | | | | | | | | |

5 Welches Ergebnis gehört sowohl zum Einmaleins mit 3 als auch mit 6 und mit 9? Kreise ein.

1   3   6   8   9   12   13   15   18   19   24   27   30

1 Wie viele Käfer sind es? Wie viele Punkte sind es?

Käfer	1	2	3	4	5	6	7	8	9	10
Punkte	7									

2

$0 \cdot 7 =$

$1 \cdot 7 =$

$2 \cdot 7 =$

$3 \cdot 7 =$

$4 \cdot 7 =$

$5 \cdot 7 =$

$6 \cdot 7 =$

$7 \cdot 7 =$

$8 \cdot 7 =$

$9 \cdot 7 =$

$10 \cdot 7 =$

3

$(1) \cdot 7 =$

$(2) \cdot 7 =$

$(10) \cdot 7 =$

$(5) \cdot 7 =$

4 Rechne zuerst die Kernaufgabe.

$2 \cdot 7 =$	$8 \cdot 7 =$	$4 \cdot 7 =$
$3 \cdot 7 =$	$9 \cdot 7 =$	**$5 \cdot 7 =$**
$4 \cdot 7 =$	**$10 \cdot 7 =$**	$6 \cdot 7 =$

5 Nutze die Kernaufgaben.

$7 \cdot 7 =$

$5 \cdot 7$ + **$2 \cdot 7$**

$9 \cdot 7 =$

$10 \cdot 7$ − **$1 \cdot 7$**

$6 \cdot 7 =$

$5 \cdot 7$ + **$1 \cdot 7$**

$8 \cdot 7 =$

$10 \cdot 7$ − **$2 \cdot 7$**

6

$35 = \quad \cdot 7$ | $14 = \quad \cdot 7$ | $21 = \quad \cdot 7$ | $7 = \quad \cdot 7$ | $56 = \quad \cdot 7$

$70 = \quad \cdot 7$ | $28 = \quad \cdot 7$ | $42 = \quad \cdot 7$ | $49 = \quad \cdot 7$ | $63 = \quad \cdot 7$

7 Löse die Aufgaben zum Einmaleins mit 7 in der ⟨1·1⟩-Tabelle. → **S. 15**

☺ ☻ ☹ 25

1 Strategie: Tauschaufgaben

$7 \cdot 1 =$	$4 \cdot 10 =$	$6 \cdot 5 =$	$9 \cdot 2 =$	$3 \cdot 5 =$
$1 \cdot 7 =$	$\cdot \; =$	$\cdot \; =$	$\cdot \; =$	$\cdot \; =$
$3 \cdot 2 =$	$8 \cdot 10 =$	$9 \cdot 5 =$	$7 \cdot 5 =$	$6 \cdot 2 =$
$\cdot \; =$	$\cdot \; =$	$\cdot \; =$	$\cdot \; =$	$\cdot \; =$

2 Strategie: Verdoppeln

$2 \cdot 3 =$	$1 \cdot 8 =$	$4 \cdot 2 =$	$5 \cdot 4 =$	$3 \cdot 10 =$
$4 \cdot 3 =$	$\cdot \; =$	$\cdot \; =$	$\cdot \; =$	$\cdot \; =$
$5 \cdot 4 =$	$1 \cdot 3 =$	$9 \cdot 1 =$	$8 \cdot 5 =$	$6 \cdot 2 =$
$5 \cdot 8 =$	$\cdot \; =$	$\cdot \; =$	$\cdot \; =$	$\cdot \; =$

3 Strategie: Nachbaraufgaben

$8 \cdot 6 =$	$\mathbf{2 \cdot 8 =}$	$4 \cdot 7 =$	$\mathbf{1 \cdot 9 =}$	$8 \cdot 4 =$
$9 \cdot 6 =$	$3 \cdot 8 =$	$\mathbf{5 \cdot 7 =}$	$2 \cdot 9 =$	$9 \cdot 4 =$
$\mathbf{10 \cdot 6 =}$	$4 \cdot 8 =$	$6 \cdot 7 =$	$3 \cdot 9 =$	$\mathbf{10 \cdot 4 =}$

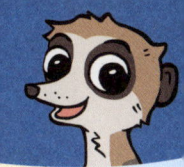

Viel Spaß!

$8 \cdot 3 =$ ☐ | ☐ $\cdot$ ☐ $=$ ☐

$6 \cdot 4 =$ ☐ | ☐ $\cdot$ ☐ $=$ ☐

$70 =$ ☐ $\cdot 10$ | $18 =$ ☐ $\cdot 2$

$81 =$ ☐ $\cdot 9$ | $8 =$ ☐ $\cdot 1$

$9 =$ ☐ $\cdot 3$ | $30 =$ ☐ $\cdot 5$

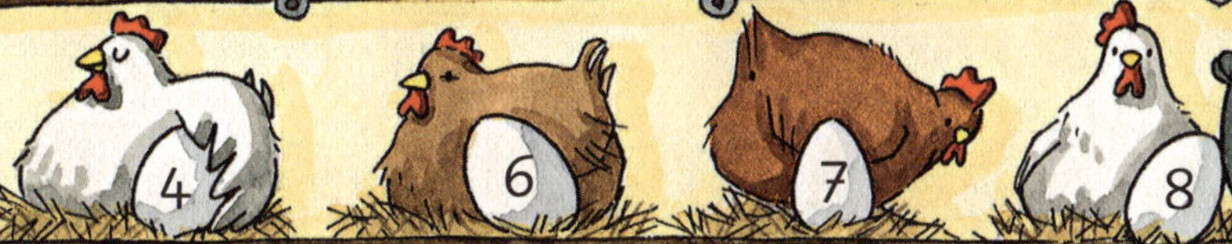

$3 \cdot 9 =$ ☐

$6 \cdot 9 =$ ☐

0 · 4 = 0	0 · 6 =	0 · 7 =	0 · 8 =
1 · 4 =	**1 · 6 =**	**1 · 7 =**	**1 · 8 =**
2 · 4 =	**2 · 6 =**	**2 · 7 =**	**2 · 8 =**
3 · 4 =	3 · 6 =	3 · 7 =	3 · 8 =
4 · 4 =	4 · 6 =	4 · 7 =	4 · 8 =
5 · 4 =	**5 · 6 =**	**5 · 7 =**	**5 · 8 =**
6 · 4 =	6 · 6 =	6 · 7 =	6 · 8 =
7 · 4 =	7 · 6 =	7 · 7 =	7 · 8 =
8 · 4 =	8 · 6 =	8 · 7 =	8 · 8 =
9 · 4 =	9 · 6 =	9 · 7 =	9 · 8 =
10 · 4 =	**10 · 6 =**	**10 · 7 =**	**10 · 8 =**

$7 \cdot 3 =$ ☐

$5 \cdot 3 + 2 \cdot 3$

$8 \cdot 9 =$ ☐

$10 \cdot 9 - 2 \cdot 9$

$4 \cdot 3 =$ ☐

$5 \cdot 3 =$ ☐

$6 \cdot 3 =$ ☐

1 Verteile gerecht.

Sprich: 10 geteilt durch 2.

10 : 2 =

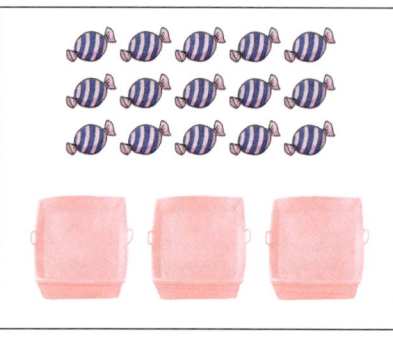

: =

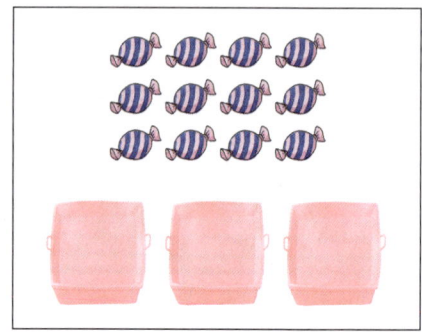

: =

: =

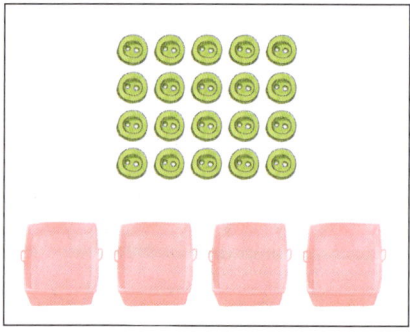

: =

: =

☺ ☺ ☹

1 Teile auf. Immer gleich viele.

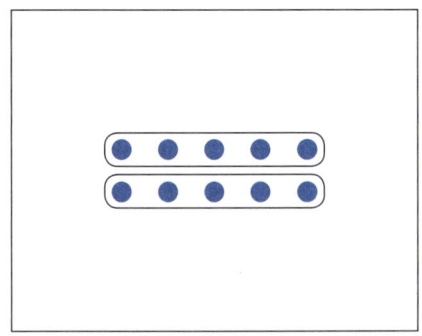

10 : 5 =

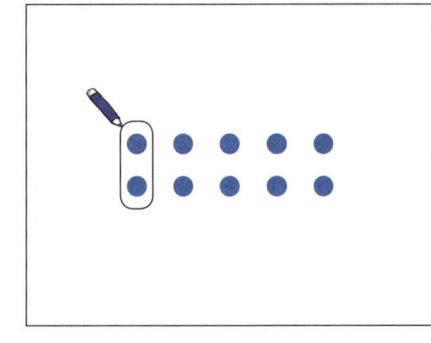

10 : 2 =

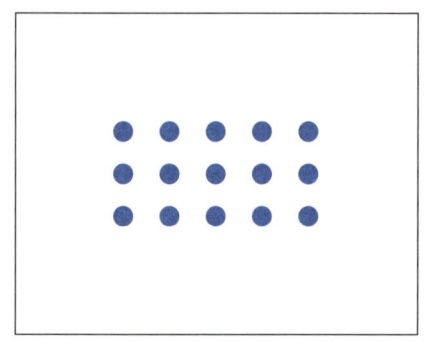

15 : 5 =

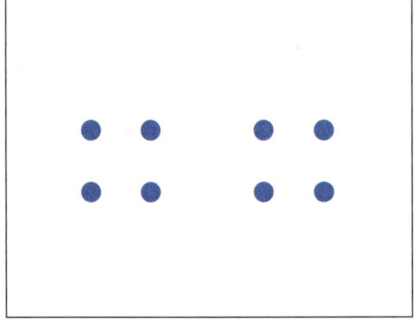

8 : 4 =

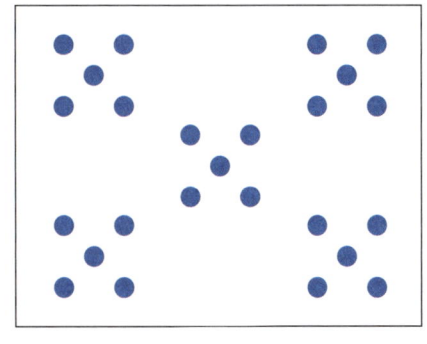

25 : 5 =

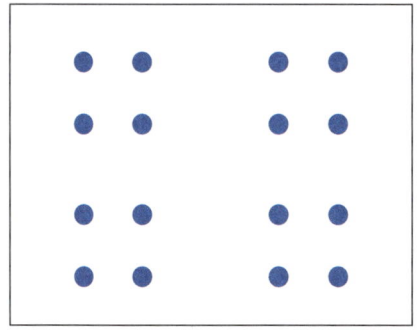

16 : 4 =

☺ ☻ ☹ 29

Umkehraufgaben

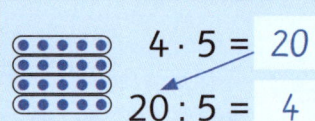

Die Umkehraufgabe:

$4 \cdot 5 = 20$

$20 : 5 = 4$

1

$5 \cdot 3 = 15$

$15 : 3 =$

$2 \cdot 3 =$

$6 : 3 =$

$6 \cdot 2 =$

$12 : 2 =$

$5 \cdot 5 =$

$25 : 5 =$

2

$2 \cdot 2 = 4$

$4 : 2 =$

$2 \cdot 5 =$

$\quad : \quad =$

$3 \cdot 5 =$

$\quad : \quad =$

$5 \cdot 7 =$

$\quad : \quad =$

$2 \cdot 8 =$

$\quad : \quad =$

$6 \cdot 5 =$

$\quad : \quad =$

3

$7 \cdot 2 = 14$

$14 : 2 =$

$9 \cdot 1 =$

$\quad : \quad =$

$8 \cdot 5 =$

$\quad : \quad =$

$8 \cdot 10 =$

$\quad : \quad =$

$2 \cdot 9 =$

$\quad : \quad =$

$10 \cdot 3 =$

$\quad : \quad =$

☺ 😐 ☹

8 : 4 = 2,
denn 2 · 4 = 8.

1

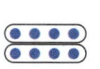

8 : 4 = 2
2 · 4 = 8

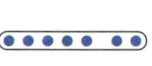

25 : 5 =
5 · 5 =

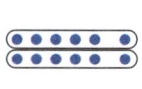

7 : 7 =
1 · 7 =

12 : 6 =
2 · 6 =

20 : 4 =
5 · 4 =

2

6 : 2 = 3
3 · 2 =

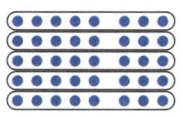

40 : 8 =
· =

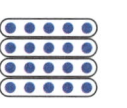

20 : 5 =
· =

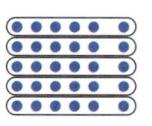

30 : 6 =
· =

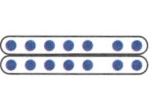

14 : 7 =
· =

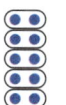

10 : 2 =
· =

3

18 : 2 = 9
9 · 2 =

6 : 6 =
· =

45 : 9 =
· =

50 : 10 =
· =

35 : 5 =
· =

70 : 7 =
· =

Nachbaraufgaben:

eine Reihe weniger

$12 : 3 = 4$

$15 : 3 = 5$

eine Reihe mehr

$18 : 3 = 6$

1 Rechne zuerst die leichte Geteiltaufgabe, dann die Nachbaraufgaben.

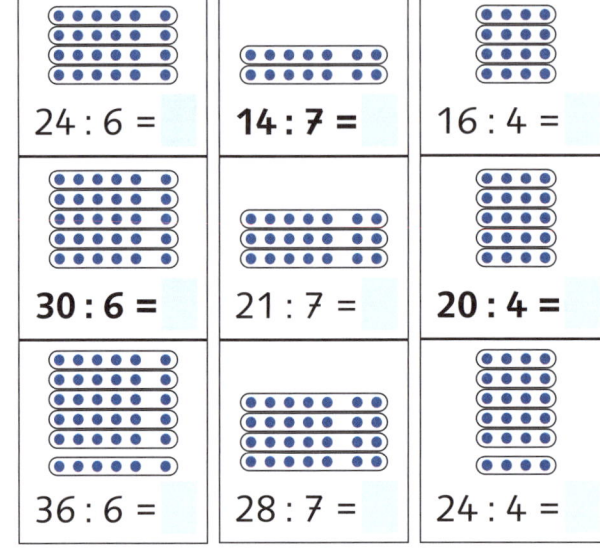

$24 : 6 =$

$30 : 6 =$

$36 : 6 =$

14 : 7 =

$21 : 7 =$

$28 : 7 =$

$16 : 4 =$

20 : 4 =

$24 : 4 =$

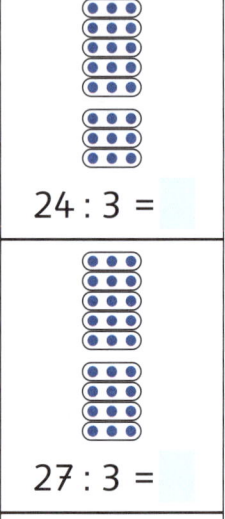

$24 : 3 =$

$27 : 3 =$

30 : 3 =

2 Rechne zuerst die leichte Geteiltaufgabe.

$28 : 7 =$ **16 : 8 =** $32 : 4 =$ $36 : 9 =$

35 : 7 = $24 : 8 =$ $36 : 4 =$ **45 : 9 =**

$42 : 7 =$ $32 : 8 =$ **40 : 4 =** $54 : 9 =$

1 Gute Nachbarn! Rechne immer zuerst die leichte Geteiltaufgabe.

8 : 4 =	32 : 8 =	18 : 9 =	42 : 7 =	30 : 6 =
12 : 4 =	40 : 8 =	27 : 9 =	35 : 7 =	24 : 6 =

63 : 7 =	6 : 3 =	24 : 8 =	45 : 9 =	20 : 4 =
70 : 7 =	9 : 3 =	16 : 8 =	36 : 9 =	16 : 4 =

81 : 9 =	21 : 7 =	18 : 3 =	60 : 6 =	40 : 8 =
90 : 9 =	14 : 7 =	15 : 3 =	54 : 6 =	48 : 8 =

2

:	4
20	
24	
28	

:	8
80	
72	
64	

:	3
15	
12	
9	

:	6
12	
18	
24	

:	9
45	
54	
63	

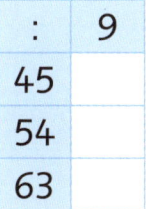

3	4	12
3 · 4	=	1 2
4 · 3	=	1 2
1 2 : 3	=	4
1 2 : 4	=	3

Verwandte Aufgaben!

1 3 Zahlen – 4 Aufgaben!

2	4	8
2 · 4	=	
4 · 2	=	
8 : 2	=	
8 : 4	=	

2	3	6
2 · 3	=	
3 · 2	=	
6 : 2	=	
6 : 3	=	

2 Bilde immer 4 Aufgaben.

2	5	10
2 · 5 =		

4	5	20

5	10	50

5	6	30

3	9	27

8	9	72

1 Finde die fehlende Zahl und bilde 4 Aufgaben.

4	9	

4 · 9 =

	5	5

4		24

6	9	

3	8	

1		8

6		48

6	7	

2

4	4	

4 · 4 =
1 6 : 4 =

8	8	

5	5	

6	6	

9	9	

7	7	

Besondere Verwandte!

 35

1 Immer 2!

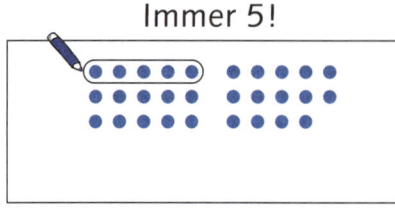

Sprich: 8 Rest 1.

$17 : 2 = 8$ Rest 1

Immer 5!

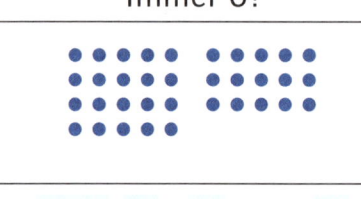

$29 : 5 =$ ___ Rest ___

Immer 10!

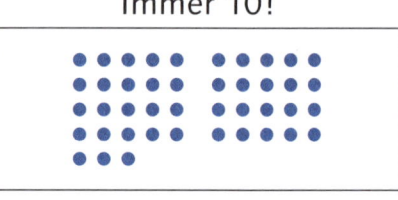

$43 : 10 =$ ___ Rest ___

Immer 3!

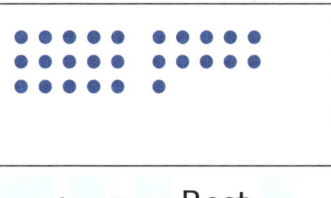

___ : ___ = ___ Rest ___

Immer 6!

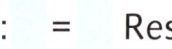

___ : ___ = ___ Rest ___

Immer 9!

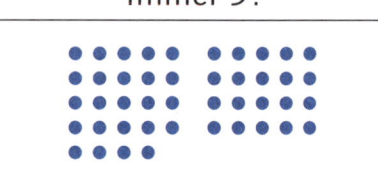

___ : ___ = ___ Rest ___

2 Male Punktbilder. Löse die Geteiltaufgaben mit Rest.

$17 : 4 =$ ___ Rest ___

$24 : 7 =$ ___ Rest ___

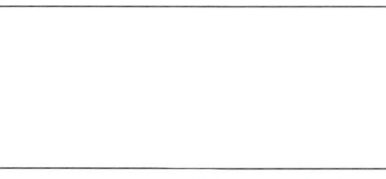

$18 : 8 =$ ___ Rest ___

1 Rechne zuerst die leichte Geteiltaufgabe.

18 : 4 = Rest	34 : 6 = Rest	29 : 3 = Rest	39 : 7 = Rest
16 : 4 =	30 : 6 =	27 : 3 =	35 : 7 =
36 : 8 = Rest	72 : 10 = Rest	44 : 5 = Rest	51 : 9 = Rest
32 : 8 =	70 : 10 =	40 : 5 =	45 : 9 =

2 Rechne Geteiltaufgaben mit Rest. Überprüfe mit der Umkehraufgabe.

> Ich zähle den Rest zur Malaufgabe dazu.

11 : 4 = 2 Rest 3	28 : 6 = Rest	13 : 2 = Rest
2 · 4 + 3 = 11	· + =	· + =
28 : 9 = Rest	10 : 3 = Rest	23 : 4 = Rest
· + =	· + =	· + =
99 : 10 = Rest	67 : 8 = Rest	50 : 7 = Rest 32 : 5 = Rest
· + =	· + =	· + = · + =

☺ 😐 ☹ 37

1 Schöne Päckchen! Setze fort und rechne.

10 · 4 =   0 · 6 =   35 = [ ] · 7   90 = [ ] · 9

9 · 4 =   2 · 6 =   28 = [ ] · 7   72 = [ ] · 9

8 · *4* =   [ ] · [ ] =   [ ] = [ ] · [ ]   [ ] = [ ] · [ ]

[ ] · [ ] =   [ ] · [ ] =   [ ] = [ ] · [ ]   [ ] = [ ] · [ ]

[ ] · [ ] =   [ ] · [ ] =   [ ] = [ ] · [ ]   [ ] = [ ] · [ ]

[ ] · [ ] =   [ ] · [ ] =   [ ] = [ ] · [ ]   [ ] = [ ] · [ ]

---

50 : 5 =   0 : 2 =   24 : 3 =   49 : 8 =   Rest

45 : 5 =   4 : 2 =   25 : 3 =   Rest   41 : 8 =   Rest

40 : *5* =   [ ] : [ ] =   [ ] : [ ] =   Rest   *33* : *8* =   Rest

[ ] : [ ] =   [ ] : [ ] =   [ ] : [ ] =   [ ] : [ ] =   Rest

[ ] : [ ] =   [ ] : [ ] =   [ ] : [ ] =   Rest   [ ] : [ ] =   Rest

[ ] : [ ] =   [ ] : [ ] =   [ ] : [ ] =   Rest   [ ] : [ ] =   Rest

1

·	3	8	5
4	12		
5			

·	2	6	9
9			
10			

·	8	4	7
2			
3			

·	7	9	2
5			
6			

·	2	5	3	7	6	9
2						
4						
8						

·	4	10	3	8	7	5
3						
6						
9						

2

:	2
4	
6	
8	

:	5
40	
45	
50	

:	3
24	
27	
30	

:	7
28	
35	
42	

:	8
80	
72	
64	

:	6
24	
30	
36	

:	9
72	
81	
90	

:	3	6
12		
30		
6		

:	3	9
27		
9		
18		

:	6	9
36		
18		
54		

:	2	4
16		
20		
12		

:	4	8
40		
24		
32		

☺ ☺ ☹ 39

1 Welche Ergebniszahlen gehören nicht zum Einmaleins mit 4? Streiche durch.

2 4 7 8 10 12 14 18 20 21 24 25 27 30 32 36 38 40

2 Welche Ergebniszahlen gehören nicht zum Einmaleins mit 7? Streiche durch.

3 7 11 14 17 21 22 27 32 35 39 42 45 49 54 56 69 70

3 Welche Ergebniszahlen gehören nicht zum Einmaleins mit 9? Streiche durch.

9 15 18 19 22 27 30 36 39 41 49 54 56 63 64 69 77 81

4 Finde viele Mal- und Geteiltaufgaben.

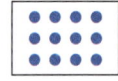

Denke an die verwandten Aufgaben.

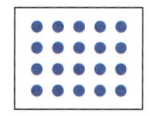

1 · 12 = 12	12 : 12 = 1	1 · 20 = 20	20 : 20 = 1
2 · 6 =	12 : 6 =	· =	: =
3 · =	12 : =	· =	: =
· =	: =	· =	: =
· =	: =	· =	: =
· =	: =	· =	: =

☺ ☹ ☹

1 Färbe die Malaufgabe und die passende Geteiltaufgabe in der gleichen Farbe.

2 · 9 = 18	3 · 4 =	40 : 8 =	8 · 10 =	4 · 6 =	21 : 3 =
7 · 3 =	42 : 7 =	24 : 6 =	0 : 4 =	6 · 7 =	5 · 8 =
12 : 4 =	80 : 10 =	45 : 5 =	9 · 5 =	18 : 9 = 2	0 · 4 =

2 Platzhalteraufgaben! Denke an die verwandten Aufgaben.

18 : 3 = 6,
denn 6 · 3 = 18.

3 · 4 = 12,
denn 12 : 4 = 3.

18 : 3 = 6	: 5 = 5	28 : = 7	40 : = 4
: 7 = 3	: 4 = 9	15 : = 3	54 : = 9
: 6 = 4	: 7 = 6	24 : = 8	36 : = 6
: 2 = 6	: 6 = 8	35 : = 5	20 : = 5

3 · 4 = 12	· 7 = 49	4 · = 16	2 · = 12
· 2 = 14	· 5 = 50	10 · = 90	8 · = 56
· 9 = 45	· 8 = 32	7 · = 21	5 · = 30
· 6 = 60	· 3 = 27	8 · = 16	9 · = 72

☺ 😐 ☹ 41

1

·	0	1	2	3	4	5	6	7	8	9	10
1											
2											
10											
5											

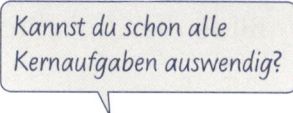

Kannst du schon alle Kernaufgaben auswendig?

Das kann ich schon!

2

$6 · 8 =$

$5 · 8$ + $1 · 8$

$9 · 6 =$

$10 · 6$ − $1 · 6$

$7 · 3 =$

$5 · 3$ + $2 · 3$

$8 · 4 =$

$10 · 4$ − $2 · 4$

3

2 · 4 =	4 · 7 =	8 · 3 =	4 · 6 =	**2 · 8 =**	8 · 9 =
3 · 4 =	**5 · 7 =**	9 · 3 =	**5 · 6 =**	3 · 8 =	9 · 9 =
4 · 4 =	6 · 7 =	**10 · 3 =**	6 · 6 =	4 · 8 =	**10 · 9 =**

4 Verdopple.

$2 · 3 =$
↓
$4 · 3 =$

$6 · 3 =$
↓
$6 · 6 =$

5 Bilde die Tauschaufgabe und rechne.

$4 · 10 =$

$· =$

$9 · 5 =$

$· =$

$7 · 2 =$

$· =$

43

1 Bilde die Umkehraufgabe und rechne.

25 : 5 = | 16 : 8 = | 60 : 6 = | 18 : 2 = | 35 : 5 =
.   = | .   = | .   = | .   = | .   =

2

32 : 8 =	**12 : 6 =**	72 : 9 =	**14 : 7 =**	16 : 4 =	24 : 3 =
40 : 8 =	18 : 6 =	81 : 9 =	21 : 7 =	**20 : 4 =**	27 : 3 =
48 : 8 =	24 : 6 =	**90 : 9 =**	28 : 7 =	24 : 4 =	**30 : 3 =**

3 Bilde immer 4 Aufgaben.

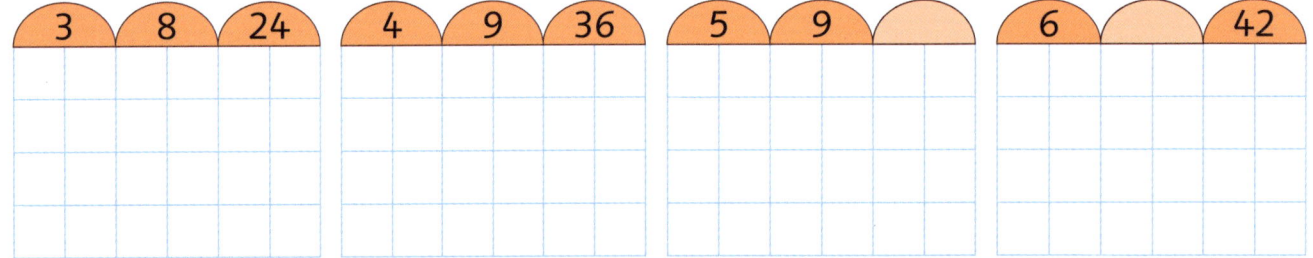

4 Rechne Geteiltaufgaben mit Rest. Überprüfe mit der Umkehraufgabe.

15 : 2 =   Rest | 78 : 10 =   Rest | 40 : 6 =   Rest | 35 : 4 =   Rest
.   +   = | .   +   = | .   +   = | .   +   =